課題達成に役立つツール

[編著]
綾野　克俊

[著]
飯田　庄三　　井上　喜義
下田　敏文　　福島　光彦
山上　隆男

日科技連

はじめに

　本書は,『QCサークル』誌(日本科学技術連盟発行)の2009年7月号から12月号に連載された「課題達成に役立つツールを学ぼう―今こそ課題達成型を効果的に活用しよう」をベースに,より理解を深めていただくために,再編集・加筆したものです.

　本書の目的は,社会にこれから出られる方を含めて,これから課題達成のやり方を学ぼうとされている方々や,すでに社会人としてQCサークルなどの小集団活動を行っているリーダーやメンバーの方々に,課題達成の基本とツールをしっかりと理解していただくことです.

　『QCサークル』誌に連載した当時の背景として,2008年のサブプライムローン問題に端を発した世界的な景気後退による,これまで経験したことのないような経営環境の変化に対応するため,職場での改善活動にも経営環境の変化への対応,経営貢献が求められるようになってきており,課題達成を効果的に行うことが期待されるようになってきていることがありました.

　現在,世界的な景気後退は,東南アジア諸国を中心としたNIES諸国の景気回復にけん引された形で少しおさまりつつありますが,これまで経験していないほど,経営環境が日々刻々と変化していることに変わりはありません.そういう中,職場の改善活動に,課題達成のアプローチが改めて求められるようになっています.

　日本が戦後の荒廃から,世界第2位の経済大国になるまでの奇跡的な復興をなし遂げた理由の一つに,顧客満足を中心とした仕事の質の管理・改善を,QCサークルのような小集団活動により継続的に行う全員参加型の経営管理を導入したことがあることは世界中に知られています.

　その継続的な改善活動に貢献したのが「QCストーリー」と呼ばれる問題解決の手順です.しかしながら,1980年代の終わりにかけて,これまでの問題解決のやり方だけでは,アプローチできない問題があるという認識から,「課題

達成」のアプローチに取り組む企業が増えてきました．そのため，1990年代に入って，QCサークル京浜地区を中心として，「課題達成型QCストーリー」という課題達成の手順が提案されました．

その後，QCサークル神奈川地区の研究成果をまとめた一連の図書や，QCサークル京浜地区の事例集の発行を通じて，QCサークル活動にも「課題達成」のアプローチが広く使われるようになってきました．

2000年になって，「施策実行型QCストーリー」が提唱され，現在，職場の問題解決・改善活動の進め方は，「問題解決」「課題達成」「施策実行」の3つのアプローチがあるとされています．本書では，それらのアプローチの使い分けについても解説しています．

課題達成のアプローチが提唱されてから20年余りが経ち，課題達成に用いられる考え方や発想法，整理の仕方などのツールがいろいろと出てきています．改善事例の中には，これらのツールを活用すれば，さらにいい改善ができただろうと思われる事例もありますし，使われていても必ずしも正しく使われているとはいえない事例も少なからず見受けられます．

ここで，ツールという言葉は，単なる手法だけでなく，表や概念，発想法など，使うと便利なもの，役に立つものという意味で使っています．課題達成を効果的に行うためには，これらのツールをそれぞれのステップに合う形で，うまく活用することが有効です．

本書では，課題達成のそれぞれのステップで有効なツールをステップごとに解説しています．問題・課題の洗い出しから始まって，優先度の高い問題・課題を選定し，課題達成に合ったテーマを，課題達成の考え方，発想法を用いて解決するうえでのヒントがきっと得られると思います．

経営環境の変化を乗り切るために，経営貢献の効果の大きな改善活動のお手伝いになれば幸いです．

出版にあたり，日科技連出版社の薗田俊江氏と石田新さんには大変お世話になりました．この場を借りてお礼申し上げます．

2010年4月

綾 野 克 俊

課題達成に役立つツール

目次

はじめに／iii

第1章　課題達成の手順を理解しよう／1

- 1-1　改善とQCストーリー ─── 2
- 1-2　問題解決に有効な3つのアプローチ ─── 3
- 1-3　課題達成型のステップと実施手順 ─── 5
- 1-4　本書で取り上げた課題達成に有効なツール ─── 15
- 1-5　課題達成型の手順を学ぶ活動事例 ─── 16

第2章　「テーマの選定」に有効なツール／29

- 「テーマの選定」のポイントとツール ─── 30
- ツール2-1　問題・課題発掘チェックリスト ─── 33
- ツール2-2　問題・課題選定シート ─── 36
- ツール2-3　問題・課題絞り込み評価表 ─── 38
- ツール2-4　改善手順選定法 ─── 42
- ツール2-5　ガント・チャート ─── 44

第3章　「攻め所の明確化と目標の設定」に有効なツール／47

- 「攻め所の明確化と目標の設定」のポイントとツール ─── 48
- ツール3-1　層別 ─── 51
- ツール3-2　調査項目選定表 ─── 56
- ツール3-3　ベンチマーキング ─── 58
- ツール3-4　アンケート調査 ─── 62
- ツール3-5　QC七つ道具と新QC七つ道具 ─── 67
- ツール3-6　攻め所選定シート ─── 75
- ツール3-7　SWOT分析 ─── 83

CONTENTS

第4章 「方策の立案」に有効なツール／87

「方策の立案」のポイントとツール ──── 88
ツール4-1　ブレーン・ストーミング法 ──── 92
ツール4-2　系統図法 ──── 97
ツール4-3　ブレーン・ライティング法 ──── 101
ツール4-4　希望点列挙法 ──── 104
ツール4-5　欠点列挙法 ──── 108
ツール4-6　チェックリスト法 ──── 112
ツール4-7　焦点法 ──── 115
ツール4-8　ビジュアル・コネクション法 ──── 118

第5章 「成功シナリオの追究」に有効なツール／123

「成功シナリオの追究」のポイントとツール ──── 124
ツール5-1　PDPC法 ──── 126
ツール5-2　障害・副作用排除検討表 ──── 130
ツール5-3　メリット・デメリット法 ──── 133
ツール5-4　FMEA ──── 136
ツール5-5　品質表 ──── 141
ツール5-6　成功シナリオの追究ワークシート ──── 146

CONTENTS

第6章 「成功シナリオの実施」～「標準化と管理の定着」に有効なツール／151

「成功シナリオの実施」～「標準化と管理の定着」のポイントとツール ―― 152
- ツール6-1　ガント・チャート ―― 154
- ツール6-2　アロー・ダイヤグラム法 ―― 156
- ツール6-3　PDPC法 ―― 160
- ツール6-4　5W1Hマトリックス図法 ―― 162
- ツール6-5　QC七つ道具 ―― 165

第7章 「課題達成」を効果的に活用するために／169

- 7-1　ツールの達人になろう ―― 170
- 7-2　課題達成活動事例に学ぶ ―― 172
- 7-3　課題達成の"べし""べからず" ―― 194

引用・参考文献／203

索引／207

TOOL

第1章

課題達成の手順を理解しよう

1章

1-1

改善とQCストーリー

　あらゆる業務は"問題を解決する"または"課題を達成する"ことであるといわれ，業務を継続的に改善することが，顧客に提供する製品やサービスの価値を高めることになり，それを通じて組織の持続的発展を可能にするといわれます．つまり，継続的改善は企業や組織の存続にとっては，欠かせないものです．

　このような継続的改善に有効なのがQCストーリーと呼ばれる問題解決手順です．

　QCストーリーとは，もともとはQCサークルなど，職場の小集団が改善活動を行った結果を，報告したり，発表したりする際の筋書き・手順として使われていたものですが，その後，次第にQCストーリーの問題解決手順に従って改善活動を行えば，確実な問題解決が行えることから，QC的問題解決手順として知られるようになりました．

　現在，QCストーリーのステップのまとめ方にはいろいろなものが提唱されていますが，単にQCストーリーといえば，このQC的問題解決手順のことをいいます．QCストーリーの代表的なものは，図1.1に示すものです．

　図1.1の手順1，2と10は報告や発表のために必要なもので，3から9までの手順がQC的問題解決の手順となります．QC的問題解決手順の有効性は，QCに限っているものではないので，本書でもQC的という言葉を省いて問題解決の手順と呼ぶことにします．

```
 1. はじめに
 2. 工程の概要
 3. テーマの選定
 4. 現状の把握と目標の設定    ┐
 5. 活動計画の作成            │ 問題解決の手順
 6. 要因の解析                │
 7. 対策の検討と実施          │
 8. 効果の確認                │
 9. 標準化と管理の定着        ┘
10. 反省と今後の課題
```
（全体：QCストーリー）

図1.1　QCストーリーと問題解決の手順の関係

1-2
問題解決に有効な3つのアプローチ

　前述のQCストーリーによる問題解決手順は，その継続的改善活動を通じて，戦後の日本経済の復興に有効に役立ちました．しかしながら，1980年代の終わりにかけて，これまでの問題解決のやり方だけでは，アプローチできない問題があるという認識から，「課題達成」のアプローチに取り組む企業が増えてきました．そのため，1990年代に入って，QCサークル京浜地区を中心として，「課題達成型QCストーリー」という課題達成の手順が提案されました．

　その後，QCサークル神奈川地区の研究成果をまとめた一連の図書や，QCサークル京浜地区の事例集の発行を通じて，QCサークル活動にも「課題達成」のアプローチが広く使われるようになってきました．

　2000年になって，「施策実行型QCストーリー」が提唱され，現在，職場の問題解決・改善活動の進め方は，「問題解決」「課題達成」「施策実行」の3つのアプローチがあるとされています．

　「問題」とは，経営や職場運営のために解決を必要とする事柄ですが，従来から行っている仕事で，目に見えている問題に対して要因解析を行って解決するアプローチが問題解決型の手順です．

　課題達成型のアプローチは，
① 今までに経験したことのない新しい業務の場合
② 新しいやり方の導入が必要となる場合
③ 従来のやり方の部分変更だけでは問題解決が不十分な場合
などに取り組むために登場した手順です．

　また，問題に対して要因または対策のポイントが見えており，目標を達成できそうな対策の方向性もほぼ見えているような場合に用いられるのが，施策実行型の手順です．問題解決型，課題達成型，施策実行型の手順を比較すると，図1.2のようになります．

　それぞれの型の特徴をよく理解しないまま，これは「問題」だから問題解決型で，これは「課題」だから課題達成型でと，言葉で判断して進めることのな

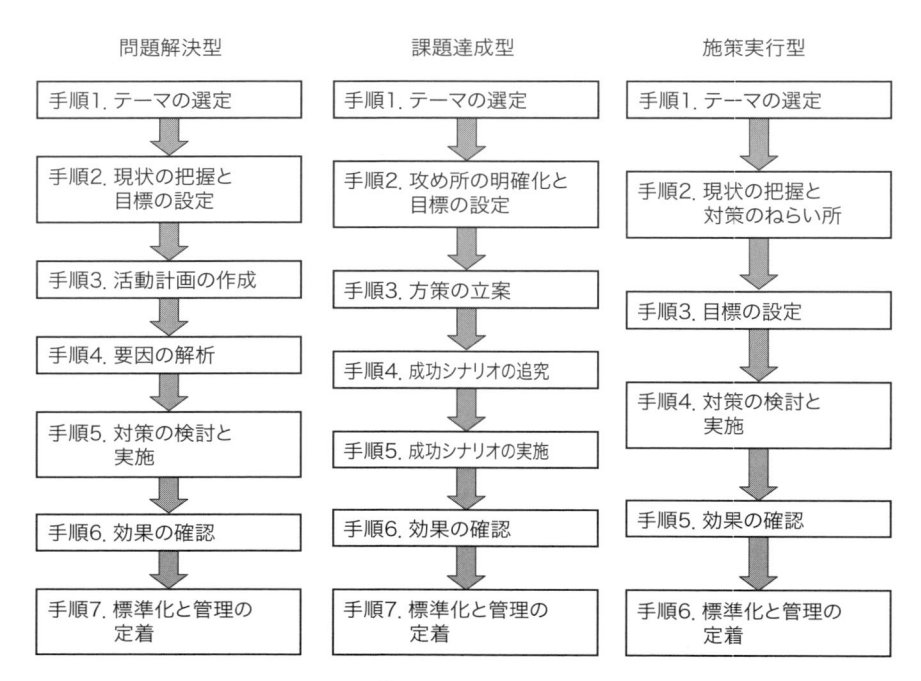

問題解決型	課題達成型	施策実行型
手順1. テーマの選定	手順1. テーマの選定	手順1. テーマの選定
手順2. 現状の把握と目標の設定	手順2. 攻め所の明確化と目標の設定	手順2. 現状の把握と対策のねらい所
手順3. 活動計画の作成	手順3. 方策の立案	手順3. 目標の設定
手順4. 要因の解析	手順4. 成功シナリオの追究	手順4. 対策の検討と実施
手順5. 対策の検討と実施	手順5. 成功シナリオの実施	手順5. 効果の確認
手順6. 効果の確認	手順6. 効果の確認	手順6. 標準化と管理の定着
手順7. 標準化と管理の定着	手順7. 標準化と管理の定着	

図 1.2 「問題解決の手順」の比較

いように注意する必要があります．改善手順の選択に当たっては，後で紹介する，改善手順選定法を活用するとよいでしょう．

とくに，課題達成型については，問題解決型についての実績を積んだうえで取り組むことが推奨されており，管理者・スタッフの指導・支援が必要であるとされています．

課題達成の手順を理解しよう

1-3 課題達成型のステップと実施手順

　本節では，課題達成型をもう少し詳しく学びたい方のために，各ステップ・実施手順について注意事項を併記しながらわかりやすく解説します．

ステップ1　テーマの選定

　このステップは5つの実施手順からなっており，問題解決型と大きな違いはありません．多くのテーマ候補を洗い出し，課題達成型にふさわしいテーマを選ぶことが重要です．全体の流れは右図の通りです．

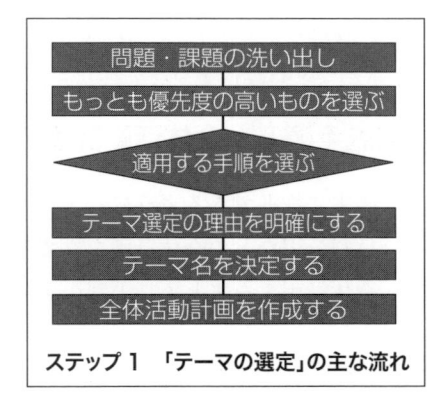

- 問題・課題の洗い出し
- もっとも優先度の高いものを選ぶ
- 適用する手順を選ぶ
- テーマ選定の理由を明確にする
- テーマ名を決定する
- 全体活動計画を作成する

ステップ1　「テーマの選定」の主な流れ

実施手順1　問題・課題の洗い出し

いろいろな角度から問題・課題を洗い出す．

ONE POINT
◆日ごろから気になっていることや身の回りから会社レベルまで幅広く洗い出す．関係者を交じえて問題・課題検討会を開く方法もある．上司から与えられることもある．

実施手順2　問題・課題の絞り込み

① 評価項目を決め，評価して，それらの中からテーマとして採用したいものを絞り込む．

5

② 絞り込んだテーマについて上司と話し合い，最優先であることを合意し，テーマを決める．

実施手順3　改善手順の選択

選定したテーマについて，どの改善手順で取り組むのが効果的・効率的かを判定する．

実施手順4　テーマ選定理由の明確化

① そのテーマに取り組む必要性や重要性，ねらいを具体的に明確にする．
② 具体的に解決したい要求(ねらい，機能)を簡潔に，わかりやすく表現して「テーマ名」にする．

実施手順5　全体活動計画の作成

① 確実に推進できるように，テーマ完了までの全体の日程やステップごとの役割分担などの全体計画を立てる．
② 全体計画書をまとめ，上司のアドバイスをもらい，全員で確認する．

ステップ2　攻め所の明確化と目標の設定

ステップ2は，2つの実施手順から成り立っています．1つ目は「攻め所の明確化」であり，テーマを分析するいろいろな切り口(調査項目)に分けて課題をブレイクダウンし，対応策を検討していく攻め所を考え出し，絞り込む手順です．2つ目は，攻め所の明確化を受けて，具体的な目標を設定する「目標の設定」です．

課題をブレイクダウンして攻め所を明確にする
↓
具体的な目標を設定する
↓
中日程活動計画を作成する

検討項目や攻め所だけ繰り返す

ステップ2　「攻め所の明確化と目標の設定」の主な流れ

実施手順1　攻め所の明確化

① 取り組むテーマの全体を表わす特性(全体特性)とそのレベルを確認する．そして，その特性値の「要

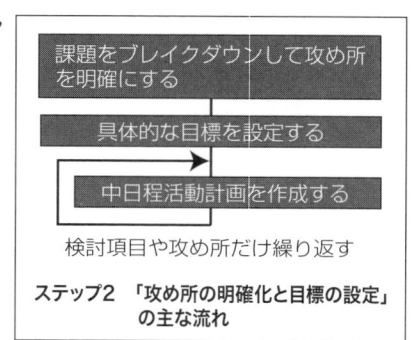

課題達成の手順を理解しよう

望レベル」と「現状レベル」を把握する．次に，テーマを分析する切り口（調査項目）を決め，調査項目ごとに，「要望レベル」と「現状レベル」を把握していく[注]．調査をした結果をもとに，ギャップを明確にして，どこを重点に方策案を検討するかの「攻め所」を考え出す．

（注）「要望レベル」と「現状レベル」を調査する順番はどちらが先でも大きな問題はない．

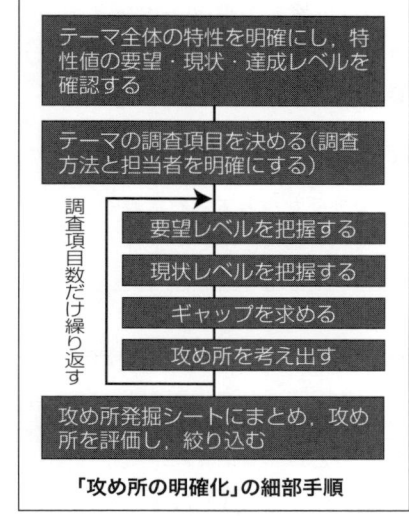

```
┌─────────────────────────────┐
│ テーマ全体の特性を明確にし，特 │
│ 性値の要望・現状・達成レベルを │
│ 確認する                     │
└─────────────────────────────┘
          ↓
┌─────────────────────────────┐
│ テーマの調査項目を決める（調査 │
│ 方法と担当者を明確にする）    │
└─────────────────────────────┘
          ↓
    ┌──────────────────┐
  ┌→│ 要望レベルを把握する │
調│  └──────────────────┘
査│  ┌──────────────────┐
項│  │ 現状レベルを把握する │
目│  └──────────────────┘
数│  ┌──────────────────┐
だ│  │ ギャップを求める    │
け│  └──────────────────┘
繰│  ┌──────────────────┐
り└─│ 攻め所を考え出す    │
返   └──────────────────┘
す        ↓
┌─────────────────────────────┐
│ 攻め所発掘シートにまとめ，攻め │
│ 所を評価し，絞り込む         │
└─────────────────────────────┘
```

「攻め所の明確化」の細部手順

② これらを「攻め所選定シート」にまとめ，攻め所を評価し，絞り込む．この手順は7つの実施事項に分かれる．その流れは上図の通りである．

実施事項① 全体特性の把握

テーマの全体を表わす特性（全体特性）を明確にし，特性値の要望レベル，現状レベルを把握し，達成レベルを確認します．達成レベルとは，達成したいレベルであり，目標設定に繋がるものです．テーマによっては，要望レベルそのものであったり，あるいは要望レベルや要望レベルと現状レベルの差異を考慮して設定します．

─ONE POINT─

◆「全体特性」とは，課題として検討する対象そのものであり，結果系で表わすことができる．具体的には，満足度，売上高，クレーム件数，不具合件数，…などである．なお，「特性」とは指標であり，測定するためのものさしである．

◆特性値の要望レベルは「ありたい姿」でもあり，現状レベルとは，「現在の姿」や状況，レベルを示すものである．

実施事項② 調査項目の決定

テーマを分析する切り口（調査項目）を決めます．調査項目とは，テーマを

構成する要素を層別して捉えるものです．層別の着眼点として，一般的には「4M」(人，設備，材料，方法)や「7M＋E＋T」，「7S」などがあります（表3.3参照）．

> **ONE POINT**
> ◆外部から要求された課題は要求項目を，創造する課題は着目すべき項目を調査項目として選ぶ．

実施事項③　要望レベルの把握

調査項目ごとに，要望レベル（新たに求められているシステムや機能，性能，水準など）を把握します．

> **ONE POINT**
> ◆要望レベルの例：①上位方針（指示値）　②魅力的に映る機能・性能レベル
> 　　　　　　　　③ベンチマーキングによる目標水準　④新たな法規制値や他社の動向
> 　　　　　　　　⑤近い将来起こりそうな障害や損失　⑥意図的に設定する要求水準

実施事項④　現状レベルの把握

要望レベルに対して現状レベルがどうなっているかを把握します．すなわち，現在のやり方や状況・レベルを要望に対比する形で把握します．この段階は，必ずしも現状の悪さを見つけることが目的ではなく，要望との差異（ギャップ）を認識し，攻め所を考え出すうえでの必要な情報として把握します．

なお，実施事項③と④の「要望レベル」「現状レベル」を把握する順番はどちらが先でも大きな問題はありません．両者を確実に調査することが重要です．

> **ONE POINT**
> ◆検討対象がまったく新規で現状がない場合は，類似のことや関連する状況を把握する．

実施事項⑤　ギャップの把握

　要望レベルと現状レベルとの差異（ギャップ）を把握します．要望レベルと現状レベルのギャップは，定量的データ（数値データ）で把握するようにします．テーマによって言語情報（言語データ）で表現せざるを得ない場合は，憶測ではなく事実をつかみ，できるだけ具体的な表現にすることが大切です．

実施事項⑥　「攻め所」候補を考える

　「方策案出しの方向づけ」として，攻め所の候補を考え出します．

　攻め所は方策そのものではなく，ギャップを解消するための方策案を立案する範囲や領域，着眼点を指すものです．つまり，ギャップや職場の対応力などを考慮して，どこに焦点を当てて方策を考えるかを示すものが攻め所です．したがって，攻め所を小さく捉えると後で方策案がたくさん出せなくなるので，より高い視点，大きなものの見方から攻め所を決めるようにします．

ONE POINT

◆攻め所とは，方策案出しの方向づけ・着眼点を明確にするものである．

　残った調査項目ごとに，実施事項③から⑥を繰り返します．

実施事項⑦　「攻め所」を決定する

　攻め所候補を評価して絞り込み，「攻め所」を決定します．

　攻め所はたくさん出るのが普通であり，「攻め所選定シート」（ツール3-6）などを使って，効果的・効率的なものに絞り込む必要があります．

　評価項目の例として，「ギャップ解消の可能性（職場の環境や実力からみて解消できそうか）」「職場の対応力（自分たちで対処できるか）」「お客様（前後工程）の要望（お客様の要望度）」などがあります．

　絞り込んだ攻め所で目標達成できるかどうか大まかな効果予測をして，見通しをつけながら進めれば，後で目標未達が起きにくくなります．

実施手順2　目標の設定

① 攻め所の明確化を受けて，目標の3要素（「何を」「どれだけ」「いつまでに」）を設定する．

② 目標の設定根拠を明確にし，目標達成の見通しをつける．
③ 必要に応じてステップ3「方策の立案」以降の「活動計画」を具体化する．

　攻め所が複数ある場合は，攻め所ごとに目標値（2次目標値）を設定し，合計で全体目標（1次目標値）が達成できるようにします．目標値は挑戦的・意欲的なレベルを目指すべきですが，不合理な目標値では達成できません．

　目標値はテーマの特性値を定量的に示すことが原則ですが，定量値で表わしにくい場合には代用特性(注)に置き換えたり，アンケートや評価基準を作って数値化する工夫が必要です．

(注)　代用特性：要求される品質特性を直接測定することが困難なため，その代用として用いる他の品質特性（JIS品質管理用語より）．たとえば，お客様の満足感の代用特性は，アンケートによる満足割合（％）やクレーム率などである．

ステップ3　方策の立案

　このステップは2つの実施手順に分かれており，攻め所に基づいて多くの方策案（アイデア）を出し，予想効果の大きなものを選び出します．

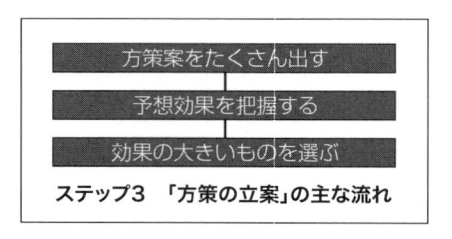

- 方策案をたくさん出す
- 予想効果を把握する
- 効果の大きいものを選ぶ

ステップ3　「方策の立案」の主な流れ

実施手順1　方策案の列挙

① アイデア発想法などを活用して，攻め所に焦点を当て，効果が大きいと思われる方策案（アイデア）をたくさん出す．

実施手順2　方策案の絞り込み

① 出された方策案それぞれについて効果を予測する．
② 攻め所ごとに，予想効果の大きい方策案を選び，大きいほうから順位をつけ，採用したい方策案を絞り込む．

ステップ4　成功シナリオの追究

このステップは4つの実施手順に分かれており，絞り込んだ方策案（アイデア）について実現可能なシナリオを検討し，期待効果を予測します．

シナリオの中から障害や副作用の排除が難しいものを除いたりして総合評価を行い，成功シナリオを決定します．

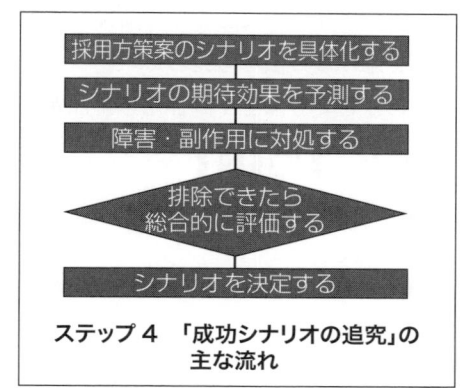

```
採用方策案のシナリオを具体化する
シナリオの期待効果を予測する
障害・副作用に対処する
排除できたら総合的に評価する
シナリオを決定する
```

ステップ4　「成功シナリオの追究」の主な流れ

実施手順1　シナリオの検討

絞り込んだ方策案について，実現可能で具体的なシナリオ（実施方法）を検討する．

ONE POINT
- ◆いくつかの方策案を組み合わせて，シナリオ案にする．
- ◆一つの方策案を具体的な実施方法にブレイクダウンする．

実施手順2　期待効果の予測

具体化したシナリオごとに期待効果を予測する．

ONE POINT
- ◆シナリオごとに，シミュレーションやトライアル（先行確認）などを行って，期待効果を予測したり，さらに内容を詰めて成功シナリオ案にまとめる．

実施手順3　障害・副作用の予測と排除

① 各シナリオの実施を妨げる障害や他への悪影響(副作用)を予測し，それらを避ける方法を考える．
② どうしても障害や副作用の排除が難しいシナリオはあきらめる．

ONE POINT

◆期待効果の大きく，新規性の高いシナリオほど大きな障害や副作用が予測される．
◆いろいろな方法で排除策を検討するが，排除困難な場合は上司と相談してから，採用をあきらめる．

実施手順4　成功シナリオの選定

以上のプロセスを総合的に判断して，成功シナリオを決定する．

ONE POINT

◆成功シナリオの合計予測効果が，目標をクリアするレベルにあることを確認しておく．

ステップ5　成功シナリオの実施

このステップは2つの実施手順に分かれており，選定した成功シナリオを実行に移すために実行計画を作成し，計画手順に従って着実に実行します．

```
成功シナリオの実行計画を作る
　　　↓
成功シナリオを実施する
　　　↓
新たな副作用・問題に対処する
```

ステップ5　「成功シナリオの実施」の主な流れ

実施手順1　実行計画の作成

成功シナリオを実施するために，実行計画を作成する．

実施手順2　成功シナリオの実施

① 細部の実施項目を実行計画に従い，各担当者が実施する．
② シナリオごとに効果と問題点を把握する．
③ 手をうった以外の副作用などの問題が発生したとき，その手当を行う．

ステップ6　効果の確認

　このステップは2つの実施手順に分かれており，目標の達成度を判定し，有形・無形効果を確認します．グループや個人の成長目標を設定した場合は，その達成度合も確認します．

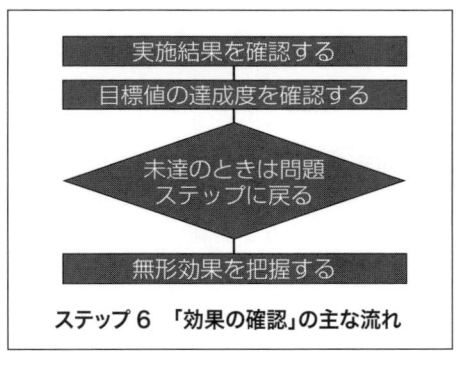

```
実施結果を確認する
目標値の達成度を確認する
未達のときは問題ステップに戻る
無形効果を把握する
```
ステップ6　「効果の確認」の主な流れ

実施手順1　有形効果の把握

① 実施結果を成功シナリオの項目ごとに実績値で確認する．
② 特性値について，目標の達成度を確認する．目標未達の場合は問題があったと思われるステップまで戻って再挑戦し，目標達成を目指して粘り強く実施する．
③ 成功シナリオ実施に要した費用やマイナス効果を把握する．
④ ねらった効果以外の副次効果や波及効果を把握する．

実施手順2　無形効果の把握

① サークルや個人などの成長度合いを確認する．
② その他の無形効果（環境，安全性，モラールなど）も把握する．

ステップ7　標準化と管理の定着

このステップは3つの実施手順に分かれており，実施効果が継続的に得られるように維持・管理する方法を検討し，定着化をはかります．

ステップ7「標準化と管理の定着」の主な流れ
- 成功シナリオを標準化する
- 新しいやり方を周知徹底する
- 管理の定着度合いを確認する

実施手順1　標準化

効果のあった成功シナリオについて，維持・管理するためのやり方・仕組みを決め，「規格」「基準」「マニュアル」などを制定・改訂する．

実施手順2　周知徹底

① 新しいやり方を実施する時期を決め，改訂の趣旨と合わせて関係者に徹底する．
② 関係者が新しいやり方を確実に実行できるように教育・訓練する．

実施手順3　管理の定着

新しい基準が確実に守られ，効果が継続していることをデータで確認する．

1-4
本書で取り上げた課題達成に有効なツール

表 1.1 に課題達成型の各ステップの実施手順の概要と本書で取り上げた各ステップで有効なツールをまとめておきます．

表 1.1　課題達成型の実施手順概要と有効なツール

ステップ	実施手順の概要	有効なツール
1. テーマの選定	・問題・課題を洗い出し，テーマにしたいものを絞り込む ・テーマをどの手順で取り組んだらよいのかを判定する ・テーマに取り組む必要性を明確にして，わかりやすい「テーマ名」を決め，全体計画を作成する	問題・課題発掘チェックリスト 問題・課題選定シート 問題・課題絞り込み評価表 改善手順選定法 ガント・チャート
2. 攻め所の明確化と目標の設定	・テーマ全体の特性について要望レベルと現状レベルを把握し，達成レベルを明確にする ・4M などで，テーマを分析する切り口（調査項目）を決め，それぞれの要望レベルと現状レベルを把握して，そのギャップを明らかにする ・ギャップを解消するための方向づけ・着眼点として，攻め所候補を考え出し，絞り込んで攻め所を決定する ・全体特性や攻め所から具体的な目標を決める	層別 調査項目選定表 ベンチマーキング アンケート調査 QC 七つ道具 新 QC 七つ道具 攻め所選定シート ＳＷＯＴ分析
3. 方策の立案	・攻め所に焦点を当て，アイデア発想法などを使って効果的な方策案をたくさん考え出す ・攻め所ごとに予想効果の大きな方策案を絞り込む	ブレーン・ストーミング法 系統図法 ブレーン・ライティング法 希望点列挙法 欠点列挙法，焦点法 チェックリスト法 ビジュアル・コネクション法
4. 成功シナリオの追究	・方策案に基づいて具体的な実施方法（シナリオ）を検討し，期待効果を予測する ・シナリオの実施を妨げる障害や副作用（悪影響）を予測し，対応策を検討する ・総合的に評価して成功シナリオを決定する	PDPC 法 障害・副作用排除検討表 メリット・デメリット表 FMEA 品質表 成功シナリオの追究ワークシート
5. 成功シナリオの実施	・成功シナリオの実行計画を作り，実施する ・シナリオごとに効果と問題点を把握する ・新たな問題や副作用があれば手をうつ	ガント・チャート アロー・ダイヤグラム法 PDPC 法 5W1H マトリックス図法
6. 効果の確認	・成功シナリオの項目ごとの実績効果と目標達成度を確認する．目標未達成の場合は必要なステップに戻ってやり直す．副次効果や波及効果も把握する ・無形効果も把握する	QC 七つ道具
7. 標準化と管理の定着	・成功シナリオを維持・管理するために標準化する ・新しいやり方を周知徹底し，教育・訓練する ・標準化の遵守状況，効果の継続状況をフォローする	5W1H マトリックス図法 QC 七つ道具

1-5 課題達成型の手順を学ぶ活動事例

各ステップに有効なツールを学習する前に，課題達成を活用した事例を紹介します．どのようなツールがどのステップで用いられるかの見通しをつけてください．

これでOK！育児休業
～安心して育児休業を取得するには～

白鶴酒造㈱人事部
「やっと出たサークル」

（第 5064 回 QC サークル大会―QC サークル近畿支部兵庫地区主催発表資料から）

　白鶴酒造(株)は，神戸市の「灘五郷」にあり，「まる」などで有名な清酒白鶴を中心に，みりん，焼酎，梅酒の製造・販売を行っている創業 265 年の会社です．「やっと出たサークル」は人事部に所属し，採用，人事，教育，労務，給与，社会保険からその他福利厚生まで幅広く担当しています．

　この事例では，育児休業対象者が安心して休暇がとれ，不安なく職場に復帰できるように，わかりやすいマニュアルづくりや職場と家庭をつなぐ情報ネットワークの構築などで，安心感・満足感を大きく向上させています．同時に互いの担当業務を学び，知識向上もはかられました．新規業務への挑戦ということで課題達成型を適用しています．

ステップ1　テーマの選定

実施手順1　問題・課題の洗い出し

これまで候補にしていたテーマの見直しと，新たに困っていること，もっと改善できることを洗い出したところ，11件のテーマ候補が上がりました（図1.3参照）．

◎3点　○2点　△1点

評価項目 問題・課題	必要性				サークルの実力		総合評価	着手順
	重要性	緊急性	取組みやすさ	上司方針	時期があっているか	できる作業か自分たちで		
育児休暇対象者に関するマニュアル作成	◎	◎	○	◎	◎	○	16	1
書類棚の整理（引出しに名前を）	○	△	◎	△	△	○	10	3
身上異動入力の徹底	○	○	○	△	△	○	10	3
健康保険台帳のシステム化	△	△	△	△	△	△	6	6
給与明細の印刷・圧着方法の見直し	○	○	○	△	△	○	10	3
従業員名簿のデータ化	○	○	△	△	△	○	9	4
元帳データの活用	△	△	△	△	△	△	6	6
社宅関係業務の整理	○	○	○	○	△	○	11	2
入社時チェックリストの作成	△	△	○	△	△	○	8	5
銀行お届け印簿の作成	△	△	○	△	△	○	8	5
職安での手続きマニュアルの作成	○	○	○	△	○	○	11	2

図1.3　問題・課題の洗い出しと絞り込み

実施手順2　問題・課題の絞り込み

テーマ候補を重要性，緊急性，取組みやすさ，上位方針などの項目で評価した結果，もっとも高得点の「育児休暇対象者に関するマニュアル作成」を取り上げることにしました（図1.3参照）．

実施手順3　改善手順の選択

改善手順選定法で判定したところ，「今までに経験のない業務」なので，課題達成型QCストーリーで取り組むことにしました．

実施手順4　テーマ選定理由の明確化

2003年に公布された「次世代育成支援対策推進法」に基づいて，当社は「一般事業主行動計画」を所轄の労働局に提出することになり，計画に含まれる「マニュアル作成」が人事部の重要な最優先課題でもありました．

こうした背景を受けて，テーマ名を「これでOK！育児休業～安心して育児休業を取得するには～」に決めました．

実施手順5　全体活動計画の作成

ステップごとに担当者を決め，図1.4のような全体活動計画を作成しました．

計画：••••••▶　実施：——▶　作成日：2007年6月8日

ステップ	担当者	2007年6月	7月	8月	9月	10月	11月
テーマ選定	垣内	••▶→					
ストーリー選定	垣内	••▶→					
活動計画	垣内	••▶→					
攻め所と目標設定	土田	••▶→					
方策の立案	土田	••▶→					
成功シナリオの追究	田中		••••••▶→				
成功シナリオの実施	田中			••••••▶→			
効果の確認	木山				••▶→		
標準化と管理の定着	木山				••••▶→		
反省と今後の対応	木山					••▶→	
次回のテーマ選定	木山					••▶→	

図1.4　活動計画

─ONE POINT─

◆新たな問題・課題を含め10件以上もテーマ候補を洗い出すことができたのは，いろいろな角度・切り口のお陰です．評価項目に上司方針を入れたり，得点順に着手順としている点もよい方法です．今までに経験のない業務を根拠にして，課題達成型を選択しているのも適切な判断です．

ステップ2　攻め所の明確化と目標の設定

実施手順1　攻め所の明確化

(1)　ありたい姿と現在の姿の把握

　全体特性を「育児休業者の安心感（安心度）」とし，調査項目を「育児休業者」「会社」「情報」の3つに分け，それぞれありたい姿を設定しました．これに対する現在の姿を把握するために，育児休業中の社員と取得後職場に復帰している社員10人を対象にアンケートを実施しました．

　アンケートは図1.5のように5段階で評価し，その評価理由も記入してもらう質問が6項目，フリーアンサー1項目の計7項目にしました．結果の一部を図1.6に示します．

```
アンケートご協力のお願い                              2007.06.10
                                                    人事部
                                               やっと出たサークル

いつもお世話になっております
今回のQCサークル活動で，「産前・産後，育児休業」に関する内容の活動を行っています
つきましては，現状を改善するために，下記のとおりアンケートを作成いたしました
お忙しいところお手数をおかけいたしますが，ご協力いただきますようお願いいたします
```

1. 産前・産後，育児休業中に仕事の復帰について不安に思うことがありましたか．		番号
1-①	1. とても安心していた　　　　4. たまに不安を感じた 2. 安心していることが多かった　5. とても不安であった 3. どちらでもない	
1-②	◆　理由を教えてください．（具体的に）	
2　産前・産後，育児休業中の人事部の対応はどうでしたか		番号
2-①	1. とても良かった　　　　　4. 悪かった	

図1.5　アンケート用紙

育児休業取得者

1 産前・産後，育児休業中に仕事の復帰について不安に思うことがありましたか

		人数	合計
1. とても安心していた	5点	0人	0点
2. 安心していることが多かった	4点	0人	0点
3. どちらでもない	3点	1人	3点
4. たまに不安を感じた	2点	7人	14点
5. とても不安であった	2点	2人	2点

☆職場復帰への気持ち
↓
安心感 38%

2. 産前・産後，育児休業中の人事部の対応はどうでしたか

		人数	合計
1. とても良かった	5点	0人	0点
2. 良かった	4点	7人	28点
3. どちらでもない	3点	2人	6点
4. 悪かった	2点	1人	2点
5. とても悪かった	1点	0人	0点

☆人事部の対応
↓
対象者の満足度 72%

3. 産前・産後，育児休業関係の諸手続きについてわからないことがありましたか

		人数	合計
1. よくわかっていた	5点	0人	0点
2. だいたいわかっていた	4点	6人	24点
3. どちらともいえない	3点	1人	3点
4. あまりわかっていなかった	2点	3人	6点
5. まったくわかっていなかった	1点	0人	0点

☆諸手続きへの理解
↓
理解度 66%

4. 会社からの情報について

		人数	合計
1. 大変満足	5点	0人	0点
2. 満足	4点	4人	16点
3. どちらでもない	3点	5人	15点
4. 不満	2点	1人	2点
5. 大変不満	1点	0人	0点

☆会社からの情報
↓
情報満足度 66%

図 1.6　アンケートの結果

(2) ギャップと攻め所の明確化

　調査項目ごとに，ありたい姿と現在の姿を「攻め所選定シート」にまとめ，それぞれのギャップを把握し，攻め所候補を考えました．すべてが課題を解消するのに必要と判断し，攻め所として採用することにしました（表 1.2 参照）．

課題達成の手順を理解しよう

表1.2 攻め所の明確化

攻め所選定シート

全体特性	ありたい姿(理想)	現在の姿(現状)	達成レベル
育児休業者の安心感	安心感100%	安心感38%	安心感100%

区分	項目	ありたい姿(理想)	現在の姿(現状)	ギャップ	攻めどころ(候補)	ギャップ解消可能性	採否
育児休業者	職場復帰への安心感	安心感100%	安心感38%	62%	休業・休暇時の安心感を増やす	○	採用
	諸手続きへの理解	理解度100%	理解度66%	34%			
会社	人事部の対応	満足度100%	満足度72%	28%	人事部の対応の満足度を上げる	○	採用
	人事部員の知識	全員が把握している	把握できていない	知識に差がある			
	業務と履歴の管理	全員が把握し管理する	各自で管理	管理があいまいである	全員で把握し管理する	○	採用
情報	会社の情報	情報満足度100%	情報満足度66%	34%	会社情報への満足度を増やす	○	採用

目標　育児休業者の安心感を，2007年9月末までに100%持てるようにする

実施手順2　目標の設定

全体特性から，目標を「育児休業者の安心感を，2007年9月末までに100%持てるようにする」に決めました．

ONE POINT

◆ JHS(事務・販売・サービス)部門では管理項目に数値データがないケースがままあります．ここではアンケートを使って調査項目を数値化して，ありたい姿や現在の姿，ギャップを明確にしており，参考にしたいところです．攻め所候補の捉え方もよいのですが，評価項目をもう少し細分化すると採否判断や優先順位が明確にできます．

ステップ3　方策の立案

実施手順1　方策案の列挙

攻め所選定シートで決めた攻め所ごとに，みんなで方策案を出し合いました（表1.3参照）．

表1.3　方策の立案

育児休業者の安心感を高める　　　　　　　　　　　　　　　　5：高い～1：低い

攻め所	方策案（アイデア）	期待効果			採用可否
		取組みやすさ	継続性	総合評価	
休業・休暇時の安心感を増やす	わかりやすいマニュアルを作る	5	5	10	可
	各手続きの流れなどを一覧にする	5	5	10	可
	質問などをまとめて一覧にする	5	5	10	可
	規程をまとめる	4	4	8	可
人事部の対応の満足度を上げる	部員の知識がどれくらいかを知る	4	5	9	可
	他の企業の情報を知る	5	4	9	可
	全員が最低限の応対をできるようにする	4	3	7	可
	人事担当者を一本化する	3	2	5	否
会社情報への満足度を増やす	連絡を取りやすい人事部にする	5	5	10	可
	情報を伝える	5	5	10	可
	休業前に説明をして不安を聞く	3	3	6	可
	対象者以外に情報を知ってもらう	5	4	9	可
	対象者に説明の場を設ける	5	4	9	可
全員で把握し管理する	ミス・モレをなくす	5	5	10	可
	担当者を一本化する	3	1	4	否

実施手順2　方策案の絞り込み

期待効果として，取組みやすさ・継続性の2点で方策案を評価し，総合で6点以上を採用することに決めました（表1.3参照）．

ONE POINT

◆方策案をたくさん洗い出せてよかったのですが，評価項目に実施効果がはっきりするものを設定できると絞り込みがしっかりできます．

ステップ4　成功シナリオの追究

　採用した方策案を整理して10項目にまとめ，それぞれについて具体的な実施方法を検討しました．その結果，すべて効果があると判定したので，これらを調査項目の分類ごとと同じ時期にできるものに集約して，6つの成功シナリオにまとめました（表1.4参照）．

表1.4　成功シナリオの追究

育児休業者の安心感を高める

	方策案（アイデア）	具体的な方策	実施可能	成功シナリオ
マニュアル	わかりやすいマニュアルを作る	目次をつける	○	実施①
		用語集	○	
	各手続きの流れなどを一覧にする	休暇の流れをわかりやすくした表を作成	○	
		人事部担当者紹介（写真入り）一覧を作成	○	
		規程をまとめる	○	
		給与明細の見方	○	
		健康保険，雇用保険の流れと手続き	○	
		通信教育やニュース配付の説明	○	
	質問などをまとめて一覧にする	よくあるQ＆A集	○	
部員の知識	部員の知識がどれくらいかを知る	理解度テストの実施	○	実施②
	他の企業の情報を知る	新聞の切り抜きを回覧	○	
情報	連絡を取りやすい人事部にする	休業者専用のE-mailアドレスを作成する	○	実施③
		人事部担当者紹介（写真入り）一覧を作成	○	
	情報を伝える	月1回「ハクツルニュース」を作成する	○	
	対象者以外に情報を知ってもらう	社内イントラの掲示板に，マニュアルと部署ページの情報を掲載する	○	実施④
		社内イントラの人事部部署ページに情報を掲載する	○	
	対象者に説明の場を設ける	本社は人事部で，支社・支店は電話	○	実施⑤
管理	ミス・モレをなくす	人事部専用のチェックシートを作成し履歴を管理	○	実施⑥

ONE POINT

◆方策案の具体化や分類ごと・実施時期によるグループ化で成功シナリオにまとめていく方法は大いに参考になります．評価は5段階評価などを使って，期待効果の大きさでシナリオの判定ができたらよかったです．

ステップ5　成功シナリオの実施

実施手順1　実行計画の作成

6つの成功シナリオを確実に実行していくために，日程と役割分担を表1.5のように決めました．

表1.5　実行計画の作成

成功シナリオ	何を	いつ	誰が（担当）
①対象者に配布するマニュアルを作成する	目次をつける	2007年8月15日までに	全員
	休暇の流れをわかりやすくした表を作成		木山
	人事部担当者紹介（写真入り）一覧を作成		垣内
	規程をまとめる		垣内
	給与明細の見方		田中
	健康保険，雇用保険の流れと手続き		安藤
	通信教育やニュース配付の説明		木山
	よくあるQ＆A集		垣内
	用語集		木山
②部員の知識向上	理解度テストの実施	9月中	木山
	新聞の切り抜きを回覧	随時	垣内
③情報1：対象者へ～コミュニケーションツール増加	休業者専用のE-mailアドレスを作成する	8月31日まで	木山
	「ハクツルニュース」を作成する	毎月	垣内
④情報2：イントラ情報で社員へ周知	イントラの人事部ページに情報を掲載する	完了後	木山・垣内
	イントラの掲示板に，マニュアルと部署ページの情報を掲載する	完了後	木山・垣内
⑤情報3：本人へ説明	休業者の方へ直接会って人事部が説明する	随時	全員
⑥履歴管理チェックシート	人事部専用のチェックシートを作成し履歴を管理	10月末まで	安藤

実施手順2　成功シナリオの実施

（1）　マニュアルの作成

目次，休暇の手続きの流れやQ＆A集に加えて，人事部員の顔写真と担当業務も入れました．担当者の顔がわかることで，支社・支店の方でも安心して問

い合わせてもらえることをねらいました（図1.7参照）．

（2） 部員の知識向上

現在のメイン担当者が育児休業理解度テスト問題を作成し，メンバーにマニュアルなどを見ないで解答してもらいました．また，関連分野に関する社会情勢や他企業の取組みも知ってもらうため，部員に新聞の切り抜き記事を随時回覧しました（図1.8参照）．

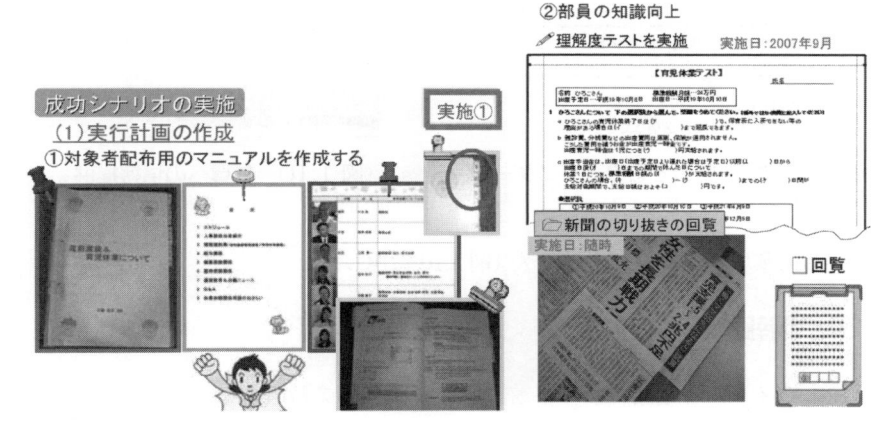

図1.7　マニュアル作成　　図1.8　部員の知識向上

（3） 情報①　育児休業対象者へ

休業中でも会社状況がわかるように，月1回「ハクツルニュース」を送付し，同時に一方的にならないように，不安なことや質問があれば，都合のよい時にメールを送信してもらえるよう休業者専用のE-mailアドレス「ジンジ・パパ・ママ」を設置しました（図1.9参照）．

（4） 情報②　社員への周知

対象者だけでなく，今後取得を考えている社員や所属部署の人にも手続き方法などを知ってもらうため，社内イントラネットの人事部ホームページ内にマニュアルや規定類を掲載しました．また，取得者が感じる不安や疑問をＱ＆Ａ形式で紹介したページも開設しました．掲示板には掲載を周知するため，その

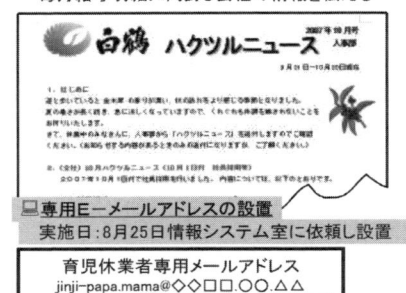

図 1.9　育児休業者とのコミュニケーション 　　図 1.10　社員への情報提供

目的と掲載場所をリンクしました（図 1.10 参照）．

(5)　情報③　事前説明

　従来のメール・電話による事前説明を改め，休業数日前に人事部で顔を見ながらマニュアルで流れや手続きを説明し，質問も受けることにしました．支社・支店の方へはマニュアルを送付し，電話でマニュアルに沿って説明するようにしました．

(6)　履歴管理チェックシート

　ミス・モレの防止と履歴管理を徹底するためにチェックシートを作成しました．シートには，対象者ごとに共済会からの支給品・支給日，質問などを記録します．

ONE POINT

◆マニュアルやコミュニケーションツールなど随所に女性らしいきめ細かさ，心配りがあり安心感が得られる，効果的な実施内容です．

課題達成の手順を理解しよう

| ステップ6 | 効果の確認 |

（1） 全体効果

最初にアンケートをとった10人にマニュアルや成功シナリオを確認してもらい，再度アンケートを実施しました．結果は，育児休業者の理解や復帰後の安心感を80％と大きく向上することができました（図1.11参照）．

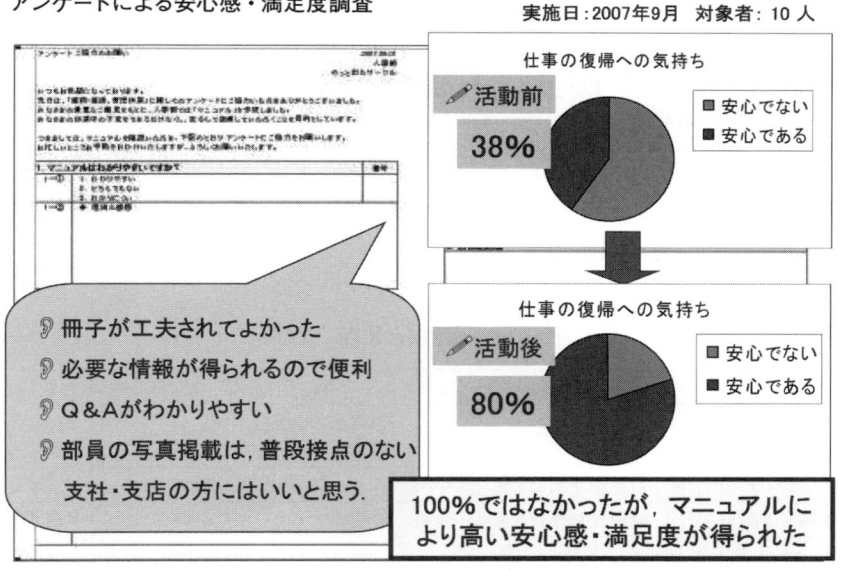

図1.11　効果の確認

（2） 成功シナリオごとの効果

① マニュアル

工夫されている，必要な情報が得られる，Q＆A集がわかりやすいなどの感想をもらい，好評でした．

② 部員の知識向上

再度理解度テストを実施したところ，平均で3割知識が向上しました．

③ 情報関係

いずれの情報提供も好評で，興味を持ってみてもらっていることやE-mailアドレスも設置後3ヵ月間で5件利用されていることがわかりました．履歴管理もチェックリストで漏れなく管理できています．

ONE POINT

◆活動で大きな成果は得られたものの未達成に終わったので，どのステップに問題があるのかを振り返り，目標が100％と高すぎたのか，再挑戦するかをQCサークルで合意する必要があります．

ステップ7　標準化と管理の定着

効果を維持・定着していくために，配布用のマニュアル作成，チェックシート作成，勉強会の開催，イントラ人事部ページ更新を5W1Hで明確にして，取り組みました（表1.6参照）．

表1.6　標準化と管理の定着

	いつ	だれが	なにを	なんのため	どうする
対象者配付用のマニュアルを作成	申請を受理したとき	全員	マニュアル担当部分を	渡すために	チェック印刷する
チェックシート作成	対象者が出たとき	中川	チェックシートを	確認のために	作成する
勉強会を開く	対象者が出たとき	全員	内容を	確認のために	見直す
イントラの人事部ページ	随時	田中	内容を	最新の情報にするため	更新する

TOOL

第 2 章

「テーマの選定」に有効なツール

| テーマの選定 | → | 攻め所の明確化と目標の設定 | → | 方策の立案 | → | 成功シナリオの追究 | → | 成功シナリオの実施〜標準化と管理の定着 |

2章 「テーマの選定」のポイントとツール

「テーマの選定」は，どの問題解決でも共通なステップですが，まずいろいろな角度から幅広く洗い出した問題・課題の中から，優先度の高いテーマ候補を選択し，どの問題解決の型で進めればよいかを明確にしたうえでテーマ名を決定し，活動計画を作成します．

実施手順は，表2.1に示す5つからなっており，このステップで有効なツールを5つ紹介します．

表2.1 「テーマの選定」の実施手順と有効なツール

【実施手順】	【有効なツール】
1. 問題・課題の洗い出し	ツール2-1　問題・課題発掘チェックリスト
2. 問題・課題の絞り込み	ツール2-2　問題・課題選定シート
3. 改善手順の選択	ツール2-3　問題・課題絞り込み評価表
4. テーマ選定理由の明確化	ツール2-4　改善手順選定法
5. 全体活動計画の作成	ツール2-5　ガント・チャート

これらはあくまで基本的なツールですが，事例として，いろいろな着眼点を組み合わせてテーマ選定に臨んだものも紹介します．

(1) 「問題・課題の洗い出し」のポイント

改善活動を行ううえで，テーマを何にするかということは，大変重要なポイントです．初めてテーマに取り組むような人たちが，実力以上の課題に取り組んでも，途中で挫折してしまう危険性があります．また，良いテーマが見つからないと悩んでいるという声もよく聞かれます．いろいろな発表を見ても，テーマの選定をどのように発掘したのかというところまでは，なかなかよくわかりません．

そこで，まずは「問題・課題発掘チェックリスト」や「問題・課題選定シート」を活用して，テーマのネタになる問題・課題を漏れなく洗い出すことが重要です．

1) この段階では，問題と課題の区別をせず，気になることをいろいろな角度から漏れなく洗い出します．視点としては，自分の身の回りのことから会社レベルまで，時間軸では過去から将来起きそうなことまで，漏れなく洗い出すようにします．上司や関係する人たちを巻き込んで，問題・課題を洗い出すと，広い視野からの洗い出しが可能となります．
2) 問題・課題は，次のような観点から見つけ出すとよいでしょう．
   ① 前回の活動の反省からの課題や残された問題
   ② 日ごろ困っていること，不便だと思っていることなど身の回りの問題
   ③ 上司方針や職場の問題・課題
   ④ 前後工程を含むお客様や，他部署からの要望・要求事項や不満
   ⑤ 新規業務の導入に当たり，事前解決が必要だと思われるもの
   ⑥ 将来の危険を予測して，事前に対応しておいたほうがよいもの
   ⑦ さらに強化・充実したい事柄
   ⑧ 現状レベルからより高いレベルを達成したいもの

(2) 「問題・課題の絞り込み」のポイント

1) 「問題・課題絞り込み評価表」などを活用して，取り組みたいテーマの中から，次のような評価項目で評価し，総合評価点の高いものをテーマとして絞り込むとよいでしょう．
   ① 会社方針や上司方針との対応度
   ② 緊急性，期待効果，将来の見通しなど，解決することの必要性の大きさ
   ③ 自分たちの実力のレベルや挑戦意欲，満足度など
2) 絞り込んだテーマ候補を上司と話し合い，最優先であることを合意したうえで，制約条件や他部門との調整などについても確認できると進めやすくなります．

(3) 「改善手順の選択」のポイント

1) 改善手順の選択では，絞り込んだテーマについて，「改善手順選定法」のフローチャートを活用して，問題解決型，課題達成型，施策実行型のどの手順で取り組むのが適切かを判定します．
2) すでに不具合が発生しているが，問題の要因や対策のポイントがほぼ見えている場合，または与えられた実施課題の場合は，施策実行型の手順を選びます．
3) すでに不具合が発生しているが，原因が何かがわからない場合は，問題解決型の手順を選びます．
4) 不具合が発生していないが，新規業務への対応をしたいとか，近い将来の課題を先取りするとか，既存業務の抜本的な現状打破をはかりたいとか，魅力的品質の創造などの課題に属するテーマの場合は，課題達成型の手順を選びます．

(4) 「テーマ選定理由の明確化」のポイント

1) テーマ選定理由の明確化では，そのテーマに取り組む必要性を明確にし，具体的に達成したいねらいや機能などを簡潔に，わかりやすく表現してテーマ名にします．必要ならサブテーマをつけるとよいでしょう．
2) データなどの事実や情報に基づき，次のような取り組む必要性を具体的に把握して明確にするとよいでしょう．
   ① 現在の状態や水準から見た必要性
   ② 後工程を含むお客様や関係者の要求や要望
   ③ 同業他社との比較や将来の見通しから見た必要性
   ④ 望ましい状態・水準，または望ましくない状態や損失から見た必要性

ツール 2-1
問題・課題発掘チェックリスト

(1)　「問題・課題発掘チェックリスト」とは

　テーマの選定の「実施手順1．問題・課題の洗い出し」に当たって，いろいろな角度から問題・課題を洗い出すのに役に立つのが「問題・課題発掘チェックリスト」です（表2.2参照）．

　日ごろから蓄えている問題・課題リストや，問題・課題洗い出しのミーティングなどで出てきた問題・課題に漏れがないかをチェックしながら，問題・課題を発掘するのに役立ちます．

表2.2　職場管理項目であるQCDPSMEを着眼点にした「問題・課題発掘チェックリスト」

	チェックポイント	気になること
Q	品質の側面では何かないか	
C	コストの側面では何かないか	
D	納期の側面では何かないか	
P	生産性の側面では何かないか	
S	安全性の側面では何かないか	
M	モラールの側面では何かないか	
E	環境の側面では何かないか	

　いろいろな体験事例を見ても，どうやってテーマを発掘したのかというところまでは，なかなか紹介されませんが，上記のほか，チェックポイントとして，次のような観点をチェックリストとして用いると，いろいろな角度から問題・課題を洗い出すのに役立ちます．

1)　この段階では，問題と課題の区別をせず，気になることを洗い出します．その際，図2.1のようにどこまでを検討するかの範囲をチェックリスト的に準備しておくことも有用です．

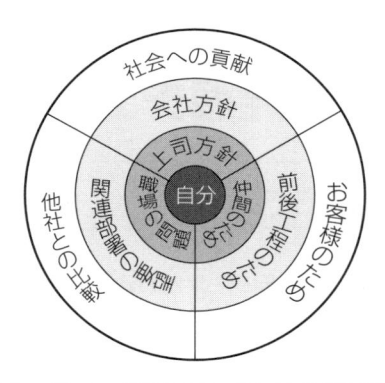

図 2.1　テーマの洗い出しのための検討範囲図
（出典：綾野克俊監修『課題達成実践マニュアル　改訂第 2 版』，日科技連出版社，2001 年）

2)　また，問題・課題を発掘するために，図 2.2 のような，過去・現在・未来の時間軸で検討すると，いろいろな問題・課題を思いつくのに役立ちます．

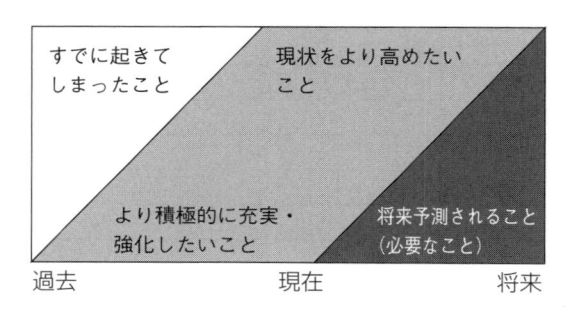

図 2.2　時間軸での問題・課題の検討
（出典：綾野克俊監修『課題達成実践マニュアル　改訂第 2 版』，日科技連出版社，2001 年）

(2)　「問題・課題発掘チェックリスト」の作成手順

手順 1．問題・課題を洗い出すチェックポイントを明確にする

　どの範囲の問題・課題を洗い出すかについて話し合い，チェックリストをリストアップし，チェックポイントを明確にします．

　新人サークルの場合は，表 2.2 のように職場の管理項目である，QCDPSME を取り上げて，すべての着眼点で問題・課題を明らかにするだけでも多くの問

題・課題を洗い出すことができます．

ベテランサークルでしたら，自職場だけでなく，図2.1や図2.2の観点も入れたチェックリストを作成すると広い視野での問題・課題の洗い出しができます．

手順2．チェックリストの各チェックポイントについて，気になることを記入する

改善活動を継続しているQCサークルなどの場合は，これまでテーマとしては上がっていたが，まだ取り組んでいない問題・課題をリストにして持っていると思いますが，それらをチェックリストの該当欄に記入し，埋まらないチェックポイントについて何か気になることがないかどうかを検討し，記入します．

過去の積み残しのテーマのリストがない場合，あるいは初めて改善活動に取り組む場合は，問題・課題洗い出しのための会合を開き，普段気になっていること，話題になっていることを，チェックリストのそれぞれの観点で，全員参加でリストアップして，問題・課題発掘チェックリストの「気になること」の欄に記入します．

(3)「問題・課題発掘チェックリスト」の活用事例

図2.3はチェックポイントとして上位方針，従業員，将来予想，現状より高めたいものを取り上げて，問題・課題を洗い出し，次に紹介する「問題・課題選定シート」と組み合わせたものです．

(配点) ○:3点 △:2点 ×:1点　'05.6.2作成

チェックポイント	気になること	わかっていること	わかっていないこと	仮テーマ	重要性	緊急性	実現性	コスト	上方針司	効果	総合評価
上位方針は何か？	安全最優先の職場になっているか	安全意識がまだまだ低い	安全ルールが守られていない	安全ルールを確実に遵守させるには	○	△	△	△	○	△	144
	自己啓発が低迷している	個人の啓発意欲が薄い	自己啓発の手段を知っているのか	自己啓発を活性化させるには	△	×	×	○	○	×	18
	QCサークル活動が活性化していない	発表会のためのQCサークル活動になっている	手法・方法がわかっているのか	QCサークル活動を活性化させるには	△	△	×	○	○	△	72
		QCサークル活動をする時間がない									
	業務改善提案活動が活性化していない	提案化して申請する時間がない		業務改善提案活動を活性化させるには	△	△	△	×	○	△	72
従業員からの要望は何か？	所属長の従業員サービスが行届いていないのではないか	特に分散事業所からの不満を聞くことがある	各課が満足しているのか	従業員サービスの満足度を向上させるには	○	△	△	△	○	△	144
将来予想される問題・課題は何か？	電柱敷地料の未払解消率が低調になっている	このまま放置するともっと悪くなる	地権者情報がわかっていない	電柱敷地料の未払解消率を向上させるには	○	○	△	×	○	○	162
現状より高めたいものは何か？	次世代層出前授業の一部で不満の声がある	求められる授業内容が高まっている	何を求めているのか	次世代層出前授業の質を向上させるには	○	△	△	△	○	△	216

"テーマ決定"　魅力的な次世代層出前授業への挑戦

図2.3　「問題・課題選定シート」と組み合せた「問題・課題発掘チェックリスト」
(出典：QCサークル本部主催．第4970回QCサークル大会，関西電力㈱「火の車サークル」
　　　発表資料から)

ツール 2-2

問題・課題選定シート

(1) 「問題・課題選定シート」とは

「実施手順1．問題・課題の洗い出し」に有効なもう一つのツールに，「問題・課題選定シート」があります．「問題・課題選定シート」は，気になること，わかっていること，わかっていないことを整理し，仮テーマを決めるのに有用です．

問題・課題の多くは，イメージとしてはわかっていても，対象範囲が明確でなかったり，定量的な把握ができていないなど，あいまいな場合が多いものです．　そのような時には，個々の問題・課題の内容について，表2.3のような様式の「問題・課題選定シート」で「わかっていることは何か」「わかっていないことは何か」を明確にしたうえで，「仮テーマ」を決めることが重要です．

表2.3　「問題・課題選定シート」の様式

	気になること	わかっていること	わかっていないこと	仮テーマ（テーマ候補）
1				
2				
3				

（出典：綾野克俊監修『課題達成実践マニュアル　改訂第2版』，日科技連出版社，2001年）

(2) 「問題・課題選定シート」の作成手順

手順1．問題・課題のリストアップをする

「問題・課題選定チェックシート」でリストアップした問題・課題を一覧表にします．

手順 2. 現時点の把握状況を記入する

それぞれの「気になること」について，現時点でわかっていることはどんなことか，わかっていないことは何かを明確にして，それぞれ「問題・課題選定シート」の「わかっていること」「わかっていないこと」の欄に記入します．

手順 3. 仮テーマを決める

それぞれの問題・課題について，仮テーマを決めます．

(3) 「問題・課題選定シート」の活用事例

図 2.4 は，職場の大幅効率化という上位方針に沿った問題・課題を出し合って，「問題・課題選定シート」にまとめたものです．方針や検討分野などの制約条件に当てはまるものだけを洗い出すというやり方も効率的なやり方といえます．

気になること	わかっていること	わかっていないこと	仮テーマ
1. 荷室容量測定部位追加で工数が増える	1実験当たり220分増加し，配車期間内に終了しない	車両別の測定工数 他事業所の測定時間・方法・設備	車両荷室容量測定に時間がかかる
2. RV車の定量評価実験準備作業が標準時間を超えている	乗用車は標準時間通り RV車は42分オーバー	工程別の差異	車両測定準備に時間がかかる

図 2.4 「問題・課題選定シート」の活用例

(出典：QC サークル関東支部神奈川地区主催，第 3780 回 QC サークル大会，日産自動車㈱「パフォーマンスサークル」発表資料から)

ツール 2-3
問題・課題絞り込み評価表

(1) 「問題・課題絞り込み評価表」とは

　テーマの選定の「実施手順 2. 問題・課題の絞り込み」に有用なツールが，「問題・課題絞り込み評価表」です．その形状から，「テーマ選定マトリックス」と呼ばれることもあります．

　基本的には，表 2.4 のように上司方針，緊急性，期待効果，挑戦意欲などの複数の評価項目で順位をつけます．必要に応じて評価項目の重みづけを行います．使えるデータや事実，情報などを最大限に使って，関係者間で合意するのに用います．

表 2.4 「問題・課題絞り込み評価表」の様式

仮テーマ (テーマ候補)	評価項目				総合点	判定
	上司方針	緊急性	期待効果	挑戦意欲		
重み	1	1	1	2		

（出典：綾野克俊監修『課題達成実践マニュアル　改訂第 2 版』，日科技連出版社，2001 年）

　実際の活用に当たっては，評価項目が自分たちに合っているか見直し，評価の優先順位をつけるようにするとよいでしょう．

(2) 「問題・課題絞り込み評価表」の作成手順

手順 1．問題・課題選定に当たっての評価項目を決める

　評価項目には，次のような観点を入れるとよいでしょう．

　① 会社方針や上司方針との整合性

②　緊急性，期待効果，解決の必要性，解決の困難度など
　③　自分たちの実力や解決に対する意欲，満足感など
手順2.　各評価項目の重みを決める
手順3.　各評価項目についての評価を行い，重みをつけた総合点を計算して，優先順位を決める

(3)　「問題・課題絞り込み評価表」の活用事例

　表2.5は自分たち独自の評価項目もつけ加えている事例です．

　表2.6は1段階目で12個の問題点(A～L)を緊急性の観点から5つに絞り込み，2段階目に重要性の評価基準点で評価しており，表2.7は2段階目の評価表です．自分たちに合った評価のやり方でテーマを絞り込むのに活用するとよいと思います．

　テーマの洗い出しから評価までを独自のやり方でテーマ選定表として工夫している例として，表2.8があります．

　テーマの洗い出しには，「良くなる」「安くなる」「早くなる」「安全になる」という"4なる"チェックポイントから，自職場の問題点の洗い出しを行い，取り上げた問題点と評価項目をマトリックス図にまとめて評価をしています．評価基準についてもウェイトを均等に各評価項目に振り分けるのではなく，項目に応じて変化させるなどの工夫も行っています．

表2.5　テーマ選定マトリックスの例

	効果度	緊急度	必要性	希望度	会社方針	合計
残業時間短縮	3	3	4	5	3	18
薬局内整理	2	3	4	3	3	15
部外品販売促進	4	3	5	4	5	21
待ち時間短縮	3	4	4	3	5	19

（会社方針とも合致／処方せん単価（部外品販売額÷処方せん枚数）で判断しよう）

（出典：㈱望星薬局「彩香3ヶ月サークル」，『QCサークル』誌2008年8月号　体験事例1，日本科学技術連盟）

表 2.6　緊急性評価のための評価表の例

評価基準：大至急＝3点　至急＝2点　急がない＝1点

ゾーン 項目	書類		発売					改札		券売機		一匹狼
ラベル	I	K	B	D	F	G	L	C	J	A	H	E
採点	12	6	12	11	11	14	8	10	8	9	7	10

I	12点	書類より	必要な書類が整理されず探すのに困る
G	14点	発売より	航空券の発売がよくわからなく不安である
C	10点	改札より	遺失物の引渡しに時間がかかりすぎている
A	9点	券売機より	券売機の操作が複雑でわかりにくい
E	10点	一匹狼より	出札窓口が狭く業務がしづらい

(出典：東日本旅客鉄道㈱「スイートポテトサークル」，『QC サークル』誌 2007 年 4 月号　ワンポイント事例，日本科学技術連盟)

表 2.7　重要性評価のための評価表の例

重要＝3点　やや重要＝2点　普通＝1点

記号	評価項目 問題点	実現性	緊急性	共通性	期間内に終わるか	支援者の意見	データはとれるか	合計	ランク
I	必要な書類が整理されず探すのに困る	15	11	9	17	10	5	67	4
G	航空券の発売がよくわからなく不安である	12	10	12	15	10	13	72	3
C	遺失物の引渡しに時間がかかりすぎる	15	15	15	10	15	15	85	1
A	券売機の操作が複雑でわかりにくい	12	9	13	14	12	13	73	2
E	出札窓口が狭く業務がしづらい	15	8	15	7	5	5	55	5

(出典：東日本旅客鉄道㈱「スイートポテトサークル」，『QC サークル』誌 2007 年 4 月号　ワンポイント事例，日本科学技術連盟)

　評価結果からテーマ候補を一つに絞っていますが，それ以外の候補については，改善提案や次回の活動テーマ候補にしたりするなど，その扱いを明確にしています．

「テーマの選定」に有効なツール

表2.8 テーマの洗い出しチェックリストとテーマ選定表を合わせた例

4なる チェック ポイント		職場の 問題点	評価			上司方針							総合評価	テーマ	テーマリーダー	活動期間
			重要度	自分たちでできるか	短期間でできるか	品質		コスト		納期		安全				3月 6月
						工程能力の向上	不良の低減	工数の低減	仕損費の低減	仕掛量の低減	設備故障の低減	危険予知力向上				
良くなる	不良はないか															
	異常はないか	F/C内経管理図が異常	◎3	◎3	◎3		◎3						81	バイトの形状変更		(改善提案)
	手直しはないか	手直し工数発生	◎5	△1	△1		◎3	◎3					45	(設備改善)		上司・スタッフに依頼する ○○年3月
		後工程に迷惑をかけていないか															
	ポカミスはないか	荷姿不備のキズ	◎5	◎3	◎3		◎3						135	運搬荷姿の改善		→○○年5月
	ムダはないか	マルチ作業のロス	◎5	◎3	◎3			◎3					135	V/Pのロス・ムダ排除による低減		
安くなる	ムリはないか															
	ムラはないか	能率は下がっていないか														
	工数は計画通りか															
早	日程遅れはないか															

重要度 ◎5点:大 ◎3点:中 △1点:小

取組みやすさ ◎3点:易 ◎2点:中 ◎1点:難

期間 ◎3点:短 ◎2点:中 ◎1点:長

結合度 ◎3点:大 ◎2点:中 △1点:小

(出典:コマツ,「QCサークル」誌2010年4月号,日本科学技術連盟)

ツール 2-4

改善手順選定法

(1) 「改善手順選定法」とは

　テーマの選定の「実施手順 3．改善手順の選択」に有効なツールが,「改善手順選定法」です．当初, 課題達成型の QC ストーリーが提唱されはじめた時は, 問題解決型と比較した「QC ストーリー適用判定表」や「手順確認チャート」が用いられていましたが, 施策実行型の提唱とともに, 図 2.5 のようなフローチャートで選定することが一般的になってきています．

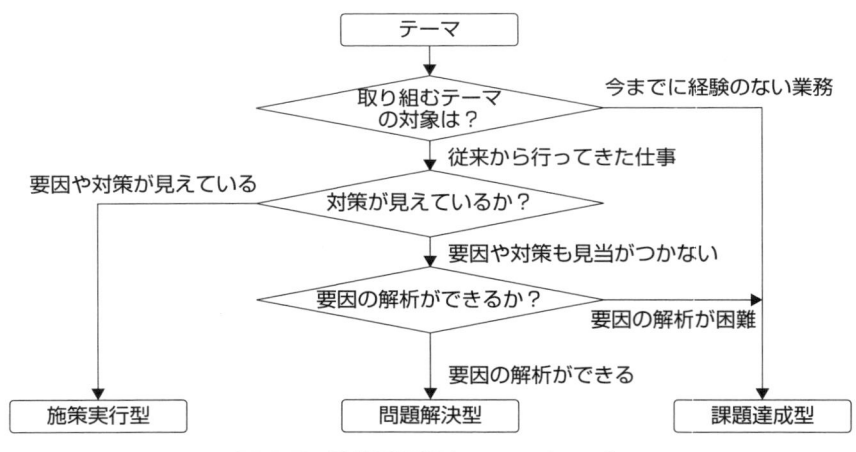

図 2.5　改善手順選定フローチャート

（出典：細谷克也編著『すぐわかる問題解決法』, 日科技連出版社, 2000 年, p.23, 図 1.7 を変形）

　しかし, テーマ全体にどれかの改善手順を当てはめなければならない, ということではありません．後で紹介する事例を参考にしてください．

(2) 「改善手順選定法」の活用手順

1) 最初の判断は，従来実施したことのある業務かどうかです．従来経験したことのない業務に関するテーマの場合は，課題達成型の手順にします．
2) 従来から行ってきた業務の場合，要因や対策が見えている場合は，施策実行型の手順にします．
3) 要因や対策について見当がつかない場合は，基本的には問題解決型の手順を選びますが，要因解析ができない場合は，課題達成型の手順を選びます．

(3) 「改善手順選定法」の活用事例

図 2.6 は，現状把握で明らかになった悪さを再発防止と未然防止に分けて問題の内容に合わせて問題解決型の手順を選定した事例です．

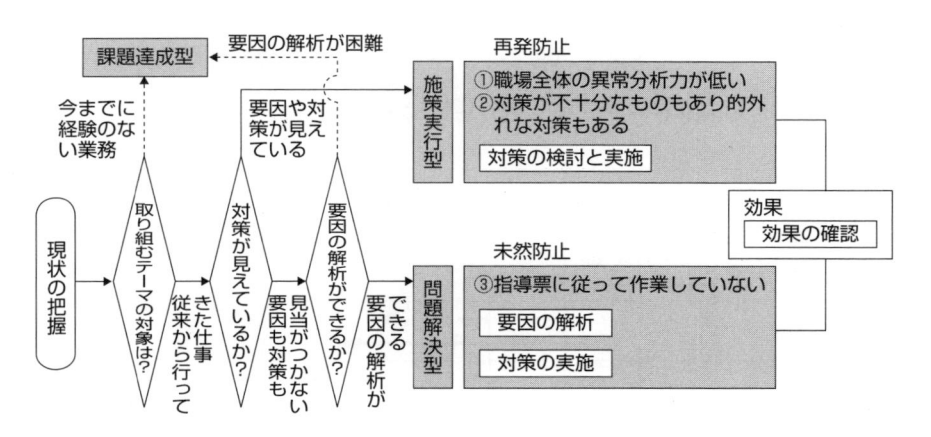

図 2.6　問題に合わせた手順の選択

（出典：コニカミノルタエムジー㈱「ちえの輪サークル」，『QC サークル』誌 2007 年 12 月号　ワンポイント事例，日本科学技術連盟）

ツール 2-5

ガント・チャート

(1) 「ガント・チャート」とは

　取り上げたテーマを確実に，漏れなく実施するためには，各ステップを細かな実施項目に分解して，しっかりした全体日程計画書を作成し，実行に移すことが大切です．

　実施項目に当たる作業や業務の日程計画やスケジュール管理にもっともよく使われるのが「ガント・チャート」であり，バー・チャートや横線工程表，線表とも呼ばれます．「ガント・チャート」は，縦軸に実施項目，横軸に月日を配置します．計画は，細線または点線で記入し，実績を太線または実線で記入するのが基本です（図 2.7 参照）．「ガント・チャート」は比較的単純で大まかな計画や作業項目数もさほど多くない場合に使います．

(- ➡計画　　➡実績)

実施項目＼月日	3月	4月	5月	6月	7月	8月	9月	10月	11月
実施項目 1	- - -	➡							
実施項目 2			- - -	- - -	➡				
実施項目 3					- - -	- - -	- - -	➡	
実施項目 4								- - -	➡

図 2.7　「ガント・チャート」の基本的な書き方

　日程計画は，どの型の問題解決手順でも用いられますが，課題達成型の手順では，ほかに「攻め所の明確化と目標の設定」と「成功シナリオの実施」の活動計画書としてもよく使われています．

(2) 「ガント・チャート」の作成手順

手順1. 実施項目に分解する

プロジェクトやテーマをステップや実施手順(作業や業務タスク)など,実施項目に分解します.

手順2. 必要時間を見積もる

それぞれの項目の実行に必要な時間(日数)を見積もります.

手順3. 縦軸,横軸を入れる

これらの実施項目を図2.7のように縦軸に書き,横軸に月や週,日などの時間をとり,各項目に必要な期間を計画線(横棒または矢印)で表示します.このとき,計画線の始点が作業の始まりを,計画線の終点は作業の終了時点を示すようにします.

「ガント・チャート」は作業期間がひと目でわかるので,プロジェクト全体の管理者やそれぞれの作業担当者にとってわかりやすく,進行管理にも有効です.進行管理では,予定の計画線の下に実際に要した期間を実施線として記入していけば,作業予定に対する遅早が把握できます.

(3) 「ガント・チャート」の活用事例

表2.9に全体日程計画の例を示します.

この事例は,ステップごとに5W1Hを明確にして正・副ステップリーダー制を取り入れ,各ステップでどのような手法を活用するのかも検討しているのが特徴です.活動を効率的に進めるためにも,計画時点で5W1Hの視点で切り口を明確化するなどして,できるだけ取り組み方を決定しておくことが大切です.

ONE POINT

◆考案者はヘンリー・L・ガント（H. L. Gantt）という米国のエンジニアです．1900年代初めに生産工程の順序を図解する方法を考え出したのが始まりで，彼の死後，部下のウォーレス・クラークがガント・チャートの名と手法を普及させ，多くの開発や建設事業計画に使われるようになりました．作業（タスク）割り当てのタスク・ガント・チャートが主流ですが，マイルストーン・チャートやタスク間の依存関係を表記したチャートなども派生しています．

表2.9　ガント・チャートを用いた日程計画の例

区分	なぜ 目的	何を 実施項目	どこで 場所	誰が 役割分担 正／副	いつ 3月	4月	5月	6月	7月	8月	9月	10月	どのように 方法（QC手法）
P	攻め所と目標の設定	攻め所の明確化	事務所 現場	岡部／藤森	--→								調査項目選定表 攻め所発掘シート
		目標の設定	事務所		--→								棒グラフ
	方策の立案	方策の列挙	事務所 現場	藤森／神野	--→								系統図法
		方策の絞込み	事務所		--→								マトリックス図法
	成功シナリオの追究	シナリオの検討	事務所 現場	神野／阿藤		--→							ブレーンストーミング
		期待効果の予想	事務所 現場			--→							ブレーンストーミング
		障害の予想と排除	事務所 現場	阿藤／館野			--→						工程内実験
		成功シナリオの選定	事務所 現場				--→						障害排除検討表
D	成功シナリオの実施	実行計画の作成	事務所	館野／砂山				--→					グラフ
		成功シナリオの実施	現場					--→					工程内実験
C	効果の確認	有形効果の把握	事務所 現場	砂山／鈴木						--→			棒グラフ
		無形効果の把握	事務所 現場							--→			リサーチ
A	標準化と管理の定着	標準化	事務所	鈴木／加藤							--→		作業手順書
		周知徹底	事務所 現場								--→		作業者教育
		管理の定着	事務所 現場								--→		日常点検
	反省と今後の対応	活動の反省	居酒屋	加藤／岡部								--→	反省会
		今後の計画作成	事務所									--→	ブレーンストーミング

計画 --→　実績 —→

（出典：㈱日立グローバルストレージテクノロジーズ「25TESTサークル」，『QCサークル』誌2009年3月号　体験事例1，日本科学技術連盟）

TOOL

第3章

「攻め所の明確化と目標の設定」に有効なツール

テーマの選定 → 攻め所の明確化と目標の設定 → 方策の立案 → 成功シナリオの追究 → 成功シナリオの実施～標準化と管理の定着

3章

「攻め所の明確化と目標の設定」のポイントとツール

「攻め所の明確化と目標の設定」は2つの実施手順から成り立っています．1つ目は，課題をブレイクダウンして攻め所を明確にする「攻め所の明確化」です．2つ目は，「攻め所の明確化」を受けて，具体的な目標を設定する「目標の設定」です．

「攻め所の明確化」は，さらにいくつかの実施事項に分かれています．その概要と本章で紹介する有効なツールを表3.1に示します．

表3.1 「攻め所の明確化と目標の設定」の実施手順・実施事項と有効なツール

【実施手順】	【有効なツール】
1. 攻め所の明確化	ツール3-1　層別
・全体特性の把握	ツール3-2　調査項目選定表
・調査項目の決定	ツール3-3　ベンチマーキング
・要望レベルの把握	ツール3-4　アンケート調査
・現状レベルの把握	ツール3-5　QC七つ道具と新QC七つ道具
・両者の差異（ギャップ）の把握	
・攻め所候補の検討	ツール3-6　攻め所選定シート
・攻め所の決定	ツール3-7　SWOT分析
2. 目標の設定	

（1）「攻め所の明確化」のポイント

このステップは課題達成型の中でもっとも重要なステップであり，課題達成型の特徴がもっともよく現われているステップともいえます．細部の実施事項は第1章の通りですが，図3.1に再掲します．

① テーマとして取り上げた課題を分析する調査項目（切り口）を決定するには，「層別」や「調査項目選定表」を活用します．

「攻め所の明確化と目標の設定」に有効なツール

層別分類としては，4Mや7M＋E＋T，7Sなどがよく使われます（表3.3参照）．

② 要望レベル（ありたい姿）は，すべての調査項目について把握します．

要望レベルは新たに求められているシステムや機能，性能，水準などを次のことから明らかにします．
  ・上司方針（指示値）から
  ・魅力的に映る機能・性能レベルから
  ・ベンチマークによる目標水準から
  ・新たな法規制値や他社の動向から
  ・予測される障害や損失を考慮して

③ ギャップとは，要望レベル（ありたい姿）と現状レベル（現在の姿）の差異のことです．レベルが数値データの場合はギャップの把握は容易です．たとえば，患者待ち時間に関して調査した病院の最短時間が20分（要望レベル）であるのに対し，自分たちの病院が平均60分（現状レベル）であれば，ギャップは40分となります．

要望レベルと現状レベルが言語データの場合は，できるだけ具体的な表現にし，攻め所があいまいにならないように注意しましょう．

この要望レベルや現状レベルを把握・整理する際に，ベンチマーキングやアンケート調査，QC七つ道具などのツールを活用します．

（注） ②③において要望レベルと現状レベルは，どちらを先に把握しても差し支えありません．

```
テーマ全体の特性を明確にし，特性値の要望・現状・達成レベルを確認する
          ↓
テーマの調査項目を決める（調査方法と担当者を明確にする）
          ↓
    ┌─→ 要望レベルを把握する
    │   現状レベルを把握する    調査項目数だけ繰り返す
    │   ギャップを求める
    │   攻め所を考え出す
          ↓
攻め所発掘シートにまとめ，攻め所を評価し，絞り込む
```

「攻め所の明確化」の細部手順

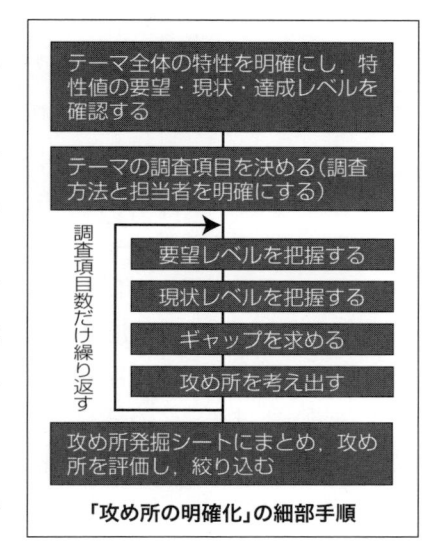

図3.1　攻め所の明確化の細部手順

④ ギャップ(差異)を解消するために職場の対応力などを考慮して方策案を洗い出しますが、やみくもに考えるのではなく、どこに焦点を当てて切り込んでいけばよいかをまず検討することが大切です。

　この焦点・着眼点が「攻め所」なので、攻め所候補はあとで方策案がたくさん出せるように、より大きく捉えたり、より高位の目的から考えるようにします。ギャップの一つひとつについて、いろいろな角度から攻め所候補を考え出します。

⑤ 大きなギャップを解消できそうな攻め所候補ほど大きな改善効果が期待できるので、評価項目を決めて攻め所候補を数項目に絞り込み、攻め所を決定します。

⑥ 「実施手順1. 攻め所の明確化」を効果的に進め、効率的にまとめるには「攻め所選定シート」が適しています。

(2) 「目標の設定」のポイント

① 最終目標はテーマ(課題)の全体を表わす特性の達成レベルに一致していることが一般的ですが、状況によっては上司と相談して別途決めるのも現実的な対応です。

② 課題達成型では攻め所が複数あるのが普通なので、攻め所ごとに目標値を決め、その合計が全体目標値を満たしていることを確認することが大切です。満たしていなければ、攻め所を追加しなければなりません。

ツール3-1

層　別

(1) 「層別」とは

「層別」とはデータの特徴に着目して，何らかの共通点や傾向などを持ついくつかのグループに分けることをいいます．たとえば，曜日や機種ごとに分けることによって，不良の発生状況の違いが見えてくるようになります．

層別には2つの目的があります．

第1の目的は，全体のデータのばらつきが層に分けることによって，"層ごとの平均の違い"で説明できるかどうかを検討することです．

第2の目的は，層ごとのデータの分布状態により，層の間で何らかの共通性があるかどうかを検討することです．

「層別」は大きく2つに分けることができます．1つは，得られたデータの特徴による「層別」です．もう1つは，データの表わす現象による「層別」です．

1) 得られたデータの特徴による「層別」

一般に使われている「層別」の項目例を表3.2に示します．

表3.2 「層別」の項目例

区分	層別の項目例
時系列別	月，日，時間，曜日，昼，夜，季節など
作業者別	個人，班，職場，年齢，経験年数，男女など
機械・設備別	機種，型式，性能，号機，治工具など
材料・原料・部品別	メーカー，購入先，購入時期，ロット，貯蔵法など
作業方法・条件別	温度，湿度，圧力，回転数，ラインスピードなど
測定・検査別	測定機器，測定者，測定場所，測定方法，検査方法，検査員など
環境・天候別	音，照明，気温，天候，季節など
顧客別	職種，性別，年齢，年収，趣味など
流通別	チャンネル，市場，販売形態，運搬手段など

2) データの表わす現象による「層別」

① 良品か不良品か
② 不良の内容別
　例) 伝票作成時の場合：記入漏れ，記入ミス，様式違い，集計ミスなど

問題解決型の「現状の把握」では，管理特性の悪さ加減に特徴的なことはないかを調べるために「層別」という考え方を活用します．同様に課題達成型の「攻め所の明確化」においては調査項目を検討する際に「層別」を活用できます．

グラフ，パレート図などで「全体特性の把握」ができたら，次に実施するのは「テーマを分析する切り口(調査項目)を決める」ことです．ここでの調査項目とは，テーマを構成する要素を「層別」して捉えたものといえます．テーマを分析する切り口(調査項目)を決める際には，「層別」の着眼点として4M，7M＋E＋T，7Sを活用すると有効です(表3.3 参照)．

なかでも，4Mは有名であり，よく知られています．7M＋E＋Tは4Mをベースにし，追加されてきたものです．7Sは管理・企画という観点から考える・調査するための着眼点として活用するとよいです．

表3.3 「層別」の着眼点

4M		7M＋E＋T		7S	
Man Machine Material Method	人 機械，設備 材料，もの 方法	Man Machine Material Method Measurement Management Morale Environment Time	人 機械，設備 材料，もの 方法 計測 管理 士気 環境 時間・信頼性	System Skill Strategy Structure Style Staff Shared value	システム，仕組み スキル，技術 戦略，方針 組織 風土 人材，工数 価値観の共有化

(2) 「層別」のやり方の手順

手順1. 層別の目的を明確にする

何のために層別するのか，その目的を明確にします．

手順2. 特性値（データ）を決める

層別の対象となる特性値（データ）を何にするかを決めます．

手順3. 分けることができるかどうかを考える

さまざまな角度の視点に立ち，分けることができるかどうかを考えます．

手順4. 層別の項目を決める

どのように分けたらよいか（層別したらよいか），層別の項目を決めます．

層別項目を決める際には，「層別」の着眼点（4M，7M＋E＋T，7S）などを活用するとよいでしょう．

手順5. データをとる．または，既存データを整理する

新たにデータを収集する際には，層別してデータを集めます．この時，層別項目ごとに分類して，手順2で決めた特性値のデータがとれるようにチェックシートなどを工夫しておくと便利です．

既存データを用いて層別の考え方を取り込み整理し直す際にも，一度チェックシートなどにまとめてみるとよいでしょう．

手順6. データを解析する

収集したデータを用いて各層別項目間の差異を解析します．この解析に当たっては，グラフ・パレート図・散布図・ヒストグラム・管理図などのQC七つ道具を用い，取り上げた特性値について層別項目間の比較を行います．

(3) 「層別」の活用事例

図 3.2 は，薬局の部外品販売促進において，「層別」を活用した事例です．売上金額と処方せん単価の推移グラフだけでなく，価格帯別売上金額と価格帯別売上個数に「層別」することにより，今後の課題を明確にしています．

部外品売上全額の推移

● 売上金額：¥120,419　● 処方せん単価：¥39／枚

価格帯別売上金額

全体の約58％（1,000円以上）

価格帯別売上個数

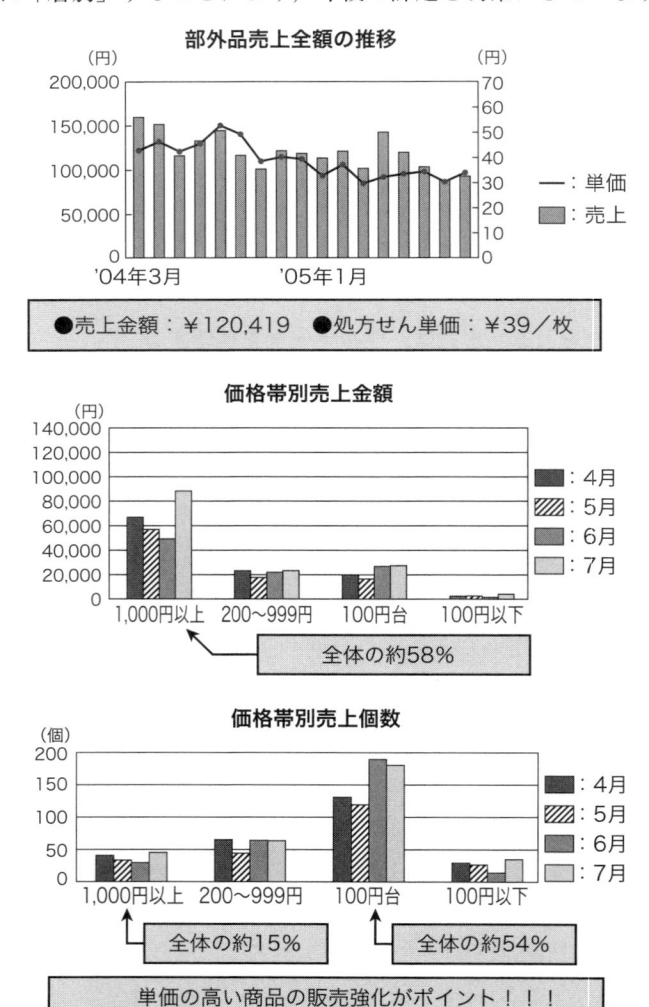

全体の約15％（1,000円以上）　全体の約54％（100円台）

単価の高い商品の販売強化がポイント！！！

図 3.2　層別事例

(出典：㈱望星薬局「彩香3ヶ月サークル」，『QCサークル』誌 2008年8月号　体験事例1，日本科学技術連盟)

表 3.4 は，攻め所を明確にするため，「4M」で調査項目の検討を行った事例です．

表 3.4　4M を活用した調査項目の検討

区分	何を	どのように	誰が	いつまで
人	起動・停止タイミング	行動調査	北村	1/8
もの	エア流量変化	時間ごとの負荷率	藤谷	1/12
もの	設備エア漏れ	停止日聴覚診断	水島	1/10
		漏れ率把握	水島	1/31
設備	負荷上限圧力	各設備ごとの設定圧力調査	池田	1/17
方法	終日停止可否	職場実態把握	片桐	1/9

(出典：㈱神戸製鋼所「アクティブパワーサークル」，『QC サークル』誌 2004 年 7 月号　体験事例 3，日本科学技術連盟)

ONE POINT

◆ 「4M」の Machine を機械・設備・装置と限定してしまうと事務系のみなさんから，そんなものないよ，という声が聞こえてきそうです．機械と断定せずに，コピー機・機材（パソコン，プロジェクターなど）・事務用品と広い意味での道具として受け止めることが必要です．

　表 3.3 に「4M」を示しましたが，職種によっては，Maintenance（維持），Market（市場），Medium（媒体），Mode（様式），Matter（物質），Merchandise（商品）のような「M」も活用されています．自分たちに必要な「M」を整理し，共有化しておくと便利です．

ツール 3-2

調査項目選定表

(1) 「調査項目選定表」とは

ツール3-1で紹介した「層別」を活用して，調査項目を洗い出した後，調査項目を選定する際には「調査項目選定表」を活用し，判定(評価)するとよいでしょう．

お客様や後工程からの情報・要望・要求などの言葉を段階的に具体化し，その各項目について，どのような調査項目が必要になるかを洗い出し，抽出するための表が「調査項目選定表」です．

(2) 「調査項目選定表」の作成手順

手順1．「層別」を活用して，調査項目を洗い出す

考えられる多くの調査項目を洗い出します．

手順2．調査すべき詳細内容を洗い出す

調査項目に対して調査すべき詳細内容を洗い出します．

手順3．判定(評価)し，調査項目を選定する

マトリックス図を作成し，判定(評価)し，調査項目を選定します．

(3) 「調査項目選定表」の活用事例

調査項目の選定と調査計画を組み合わせたのが表3.5の「調査項目選定表①」です．

その他の調査項目着眼方法として，品質機能展開(QFD)の「品質表」を活用する方法があります．お客様や後工程からの要求・要望事項などを段階的に具体化(要求品質の展開)し，その各項目について，どのような調査項目(品質特性)が必要になるかを洗い出し，抽出する方法です．「品質表」を応用した例が表3.6の「調査項目選定表②」です．QCサークルでの改善活動でも，積極的に活用してみましょう．「品質表」の詳細説明はツール5-5を参照してください．

「攻め所の明確化と目標の設定」に有効なツール

表3.5 「調査項目選定表①」の例

調査項目検討・選定・調査計画表

評価点 ◎：5点
　　　　○：3点
　　　　△：1点

区分	調査項目	内容	評価項目 影響度	評価項目 拡大性	判定 評価点	判定 ランク	調査の分担 誰が	調査の日程 いつまでに
人	設計者	スライド設計工数	△	△	2	3		
物	製品	製品形状	◎	◎	10	1	小林	11月10日
物	金型	スライド部品点数	◎	◎	10	1	加藤	11月10日
方法	工程	設計手順	○	△	4	2		
方法	工程	加工工程	◎	◎	10	1	井沢	11月15日
方法	工数	加工工数	◎	◎	10	1	小松	11月15日

(出典：QCサークル関東支部神奈川地区主催，第4100回QCサークル大会，市光工業㈱「あ・うんサークル」発表資料から)

表3.6 「調査項目選定表②」の例

お客様や後工程から求められていること，自分たちがこうありたいと考える姿を，構成する要素に分解し，状態を具体的に表現していく

末端のアイテム(この例では3次)に関係する特性を調査項目にし，出尽くしたところで，ほかのアイテムとの関係がないかの対応関係を検討する

対応関係 ◎：5点 強い関係
　　　　　○：3点 対応
　　　　　△：1点 対応が予測

	1次	2次	3次	調査項目(品質特性) 原価構成	構成部品列重量	段取り作業の内容		
お客様の要望	金型原価が安い	材料費が安い	安い材料での構成	◎				
			材料総数が少ない	○	◎			
				○				
		加工工数が少ない	段取り替えが少ない	○		◎		
			加工部位が少ない	◎		○		
			切削代が少ない	○	○			
			標準品の使用率が高い	○		○		
			評価 得点計	25	8	11		
			評価 重要要素	採用		採用		

活動期間や情報源によって，調査の対象範囲を絞る必要がある時は，その得点によって調査項目を絞り込む(ただし，調査する範囲が広いほうが定量的な捉え方につながる)

(出典：QCサークル関東支部神奈川地区主催，第4100回QCサークル大会，市光工業㈱「あ・うんサークル」発表資料から)

ツール 3-3

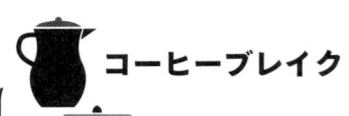

ベンチマーキング

(1) 「ベンチマーキング」とは

　要望レベルを把握する際には,「ベンチマーキング」を活用すると有効です.「ベンチマーキング」は,自社・自部門の経営や業務プロセスの劣っている箇所を発見・改善するために,他社・他部門の優秀事例(ベストプラクティス)と比較分析を行い,高い改革目標(ベンチマーク)を掲げて改善・改革を進める経営手法です.

　他社・他部門の強みの源泉となっている業務プロセスを明確にし,自社・自

コーヒーブレイク

ベンチマーキングのエピソード

　富士ゼロックス社が世の中のダントツを探して,経営に活かしデミング賞を受賞しました(1980年).その手法を米国ゼロックス社が業務改善運動の中で活用し,「ベンチマーキング」とネーミングし,1989年にマルコム・ボルドリッジ賞を受賞したことにより,「ベンチマーキング」は広く注目されるようになりました.

　ベストプラクティスの選定がベンチマーキングのキーポイントになります.たとえば,米国ゼロックス社は,倉庫業務のベストプラクティスとしてアウトドア用品で有名なL.L.ビーン社に学んでいますし,英国のロイヤルメール(英国の郵便事業)は,ヤマト運輸をベンチマーキングしています.

　また,サウスウエスト航空(SWA)は,機体の回転率を高めるために,カーレースのコックピット・クルーの給油・車体整備プロセスをベンチマーキングしました.SWAは,発足時,小さなローカル航空会社で,平均飛行時間が1時間程度であるのに対し,給油・整備に45分間も要していました.ほかの航空会社の給油・整備時間を調査しましたが,他社の平均は50分程度であり,参考にはなりませんでした.そこで,給油と整備の時間が成績を左右するインディ500マイルレースのピットクルーをベンチマーキングしたのです.その結果,給油・整備時間を15分にまで大幅短縮し,これにより,航空機の稼働率を上げることに成功しました.

部門の業務プロセスと比較することにより，そこから何を学べるかを検討し，改善・改革につなげます．この際に，ベストプラクティスの対象は同業他社での事例に限る必要はありません．

(2) 「ベンチマーキング」のやり方の手順

手順1．ベンチマーク項目を見極める

自分たちの職場・サークルの課題は何であるかを見極めます．

手順2．ベンチマーキングの相手先を決める

最先端をいく企業，業務，職場の中からベンチマークすべき相手を決めます．

手順3．情報を収集する

調査目的に合わせて手法をいくつか組み合わせながら，情報を収集します．ベンチマーキングでは，目標を評価指標の数字で導き出すことよりも，ベスト・プラクティスを調査し，文書にまとめるほうがむしろ重要であるといわれています．

手順4．能力格差の現状を知る

自分たちの職場・サークルの現状ならびに，調査対象のプラクティスを慎重に把握します．

手順5．将来の能力水準を推定する

現在のプラクティスに加え，能力が将来どのように変わるか知っておく必要があります．

手順6．発見事項を周知徹底する

発見事項とは，情報収集すべき相手の調査により，発見したベスト・プラクティス(優秀事例)のことです．発見事項の正しさが誰にも納得できるような明確な実データに基づいて説明をします．

手順7．目標を設定する

業務の改革目標を設定します．

手順8．行動計画を立てる

発見事項に基づいて立てられた基本方針を実行するための行動計画を立てます．

手順 9． 行動計画を実行する

ベスト・プラクティスを実際に導入し，定期的に進捗状況を測定・評価します．

手順 10． 再ベンチマーキング

世の中のプラクティスは絶えず変化しているので，どの計画にも適切な区切りを持たせ，発見事項そのものを更新しなければなりません．そのために，再ベンチマーキングを準備しておきます．

QCサークル活動においてもこの考え方は活用できますし，大きな成果に結びつく可能性があります．

(3) 「ベンチマーキング」の活用事例

図 3.3 は，質の高い改善提案を出すために他サークルをベンチマーキングした事例です．しっかりと比較分析している点を参考にしてください．

「攻め所の明確化と目標の設定」に有効なツール

おひざもとサークル

私たちの提案

提案件名	行事予定表のホワイトボードへ「PM研修」のマグネット追加
提出年月日	所属／サークル名／リーダー名
受付日	課長受付／係受付

提案
- 現状の問題点（こんなところに問題があります）
  行事予定表のホワイトボードへ表示するマグネットがない毎月手書きだと面倒くさい！
- 改善案（このように改善したい）
  わかりやすく、簡単に表示できるようにマグネットを作りたい。

実施
- 実施
  上記のように実施した。
- 効果（このような効果が出ました）
  わかりやすく、簡単に表示できるようになった。サークルでもみんなに大好評!!

サークル活動
- サークルでどのような活動をしたか（この提案について、サークル会合回数およびサークル活動状況を具体的に記入してください）
  次への展開もバッチリ話し合った。

他サークル

私たちの提案

提案件名	期初出力不要リストの見直し
提出年月日	所属／サークル名／リーダー名
受付日	課長受付／係受付

提案
- 現状の問題点（こんなところに問題があります）
  金融機関の口座解約や計上不要により取引先コード・銀行コードを使用しているコードがあってもそのままにしてあるためリストへ出力されており無駄である。
- 改善案（このように改善したい）
  期初コードの見直しを行い、不要なものについては"D"マーク（削除コード）を入力しておくようにしたい。

実施
- 実施
  上記のようにコードの見直しを行い、不要なものについてはDマークを入力し、出力しないようにした。
- 効果（このような効果が出ました）
  月次更新後、月次帳票に出力するリストからフォームで20枚/月削除できた。年間では、240枚の削除になる。

サークル活動
- サークルでどのような活動をしたか（この提案について、サークル会合回数およびサークル活動状況を具体的に記入してください）
  帳票類の削減の提案になるものはないか考えた。

| 会合回数 | 3 回 |

評価コメント（ちぎり文句）：
- 不満みたいな表現
- 悪さ加減が詳細
- 効果が不明確で実施に時間がかかる
- 効果が明確で実施がすぐはかれる表現
- きまり文句
- 効果の確認ができている
- データで効果が測れるはずなのに、サークルで効果把握ができている
- またまたきまり文句
- 次への展開もバッチリ

図3.3 「ベンチマーキング」の例

（出典：長野電子工業㈱「おひざもとサークル」，『QCサークル』誌2007年5月号 体験事例3, 日本科学技術連盟）

ツール3-4

アンケート調査

(1) 「アンケート調査」とは

　調査対象者の生の声と要望レベルを把握する際には,「アンケート調査」が有効です.また,現状レベルの把握にも使えます.

　「アンケート調査」とは,あらかじめ設定された設問に回答してもらい,顧客や後工程,関係者などの認識や要望を定量的に把握する方法です.要望事項などのニーズを把握するのに有効ですが,対象者の選定,設問の設定などを十分に検討する必要があります.

(2) 「アンケート調査」のやり方の手順

手順1. 調査テーマの決定

　アンケートを実施する目的を明確にし,調査テーマを決定します.

手順2. アンケート対象者の選定

　アンケートに協力してもらう対象者を選定します.

手順3. 予備調査

　身近な人の協力を得て,予備調査を実施します.

手順4. スケジュールの決定

　全体スケジュールを決めます.

手順5. 設問項目の検討

　予備調査の結果を踏まえ,設問項目を検討します.

手順6. 回答項目・方法の検討

　設問項目に対しての回答項目・方法を検討します.

手順7. 分析方法の検討

　アンケートを実施する前にアンケート結果の分析方法を検討しておきます.

手順8. アンケート調査実施

　選定した対象者にアンケート調査を実施します.

手順9. 調査結果の回収・集計・分析

アンケート調査の結果を回収し，集計・分析します．

手順10. 当初の目的に活用する

アンケートを実施する目的に対して活用します．

(3)「アンケート調査」の活用事例

図3.4は従業員の誕生日に「ケーキ券」をプレゼントする制度がある会社のサークルが，利用満足度の向上のために「アンケート調査」を実施し，「親和図法」を活用して意見をまとめた事例です．このように，自由記述をお願いした場合，意見をまとめる時には「親和図法」が有効です．

ONE POINT

◆「アンケート調査」での結果の良し悪しは設問内容に依存します．設問を作る際には，「親和図法」を活用し，どのような設問内容とするかを検討するのもよい方法です．また，アンケート回収後の分析方法まであらかじめ検討しておく必要があります．

　ここでは，アンケート分析方法として，「SD法」を紹介します．「SD法」(Semantic Differential method：意味微分法)とは，特性(印象・イメージ)を総合的に評価する方法で，特性を示す対象用語を使い，5～9レベルで数値化し評価する方法です．ポイントは，回答レベルを必ず奇数にし，中央をゼロにする，ということです(図3.5参照)．

　原子力発電所見学会での「お客様満足度」を高めるために「SD法」を活用した事例を図3.6に示します．

3章

[アンケート実施対象者]
ケーキ券利用者全員
（役員・遠隔地勤務者を除く）
472名

メールでの実施 102名
アンケート用紙での実施 370名

調査期間：04.6.25〜6.27

ケーキに関するアンケート

人事部人事課

①性別 男性・女性 ②年齢　　　代
③あなたはケーキ券を利用していますか？
　A．よく利用している
　B．時々利用している
　C．たまに利用している
　D．利用しない
④③で「利用しない」と答えた方は、なぜ利用しないのですか？
⑤利用しないと答えた方は、どのようになれば利用すると思いますか？
⑥「A店」「B店」のケーキはいかがですか？
　A．おいしい
　B．まあまあおいしい
　C．普通

ケーキ券に関するアンケート

ケーキではなく違うものにしてほしい

- ケーキもいいがパンの利用も考えてみては？
- ケーキ券のほかに金券（商品券・JTBみたい）などJTBみたいなのを選ばないものがあってほしい。リカ・クオカードなどにしてほしい
- ケーキ券以外のものがいい（商品券・図書券）
- お菓子を食べないお父さんにとってはケーキ券はあまりありがたくはありません。家族が喜ぶだけです。正木屋でも使えるとうれしいです
- クオカードにしてください

ケーキ券制度そのものを廃止したほうがいい

- ケーキ券制度は時代に合わないので廃止してもよいのでは。全社としては不要な経費は削減すべきだと思います
- ケーキがほしくない人や、1,500円分も使わない人もいるので、なくしてもいいのではないでしょうか？
- そもそもケーキ券制度は必要なのでしょうか？こういうところに毎年出費するなら、むしろ社内のインフラを整えてもらいたい

その他

- 期間を半年ではなく1年にしてほしい
- ケーキ券の配付を従来通りにしていただきたい
- 店が早く閉まってしまうので、タイミングを逃してしまい、引き換えそびれていると思っているうちに1年経過してしまう

ケーキ券を使えるお店を増やしてほしい

- 私はさほどケーキは好きではないのですが、一昨年ケーキ店舗で使った時のケーキが選択の余地がなく、おいしくなかったので、おいしいケーキ屋さんとの契約が増えるとうれしいのですが…
- 利用できる店は多いほうが良い

- A店もB店もあまりおいしくないので、お店を変えてほしい
- もっとたくさんのお店から選べるようにしてほしい
- 良いとわかるケーキ屋さんが地域にある程度広がっているので、ぜひ、増やしてくださることを願います

ケーキ券制度を続けてほしい

- 家族は楽しみにしています。いろいろな店で使えるようになれば、もっと喜ぶでしょう
- 子供がとっても楽しみにしています。しばらくは続けてほしいです

- この制度はとても良いと思います。ケーキはよく利用しているので、もう少し使える店が多くなればいいと思っています
- 楽しみにしているアンケートが実施され、使える店が増えるとか、ちょっとした期限の延長など、せめてもよろしくお願いします

図3.4 「アンケート調査」と「親和図法」での意見のまとめ　親和図法による意見のまとめ

（出典：タカノ㈱「人人サークル」、「QCサークル」誌 2006年3月号 体験事例3、日本科学技術連盟）

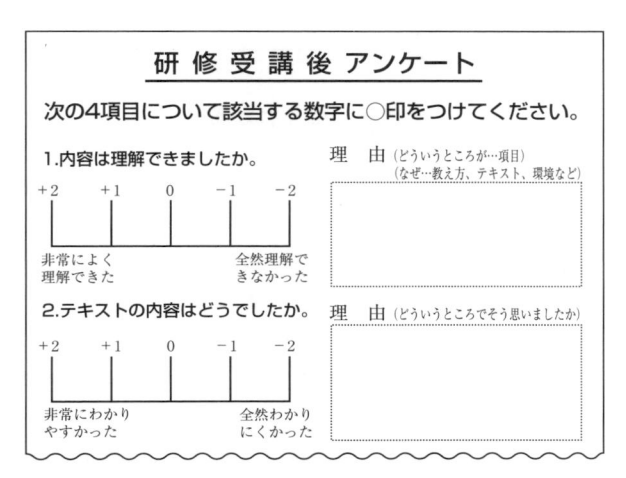

「攻め所の明確化と目標の設定」に有効なツール

図 3.5　アンケートによる SD 法の例
(出典：「連載 生きたデータの取り方，使い方」，『QC サークル』誌 2000 年 6 月号，日本科学技術連盟)

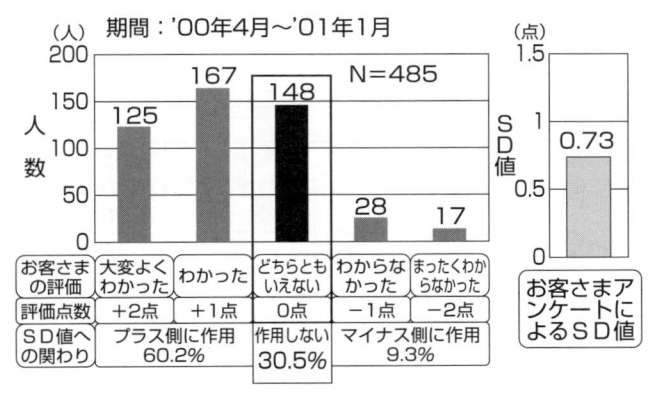

図 3.6　SD 法を用いてのアンケート解析
(出典：関西電力㈱「チャレンジアップサークル」，『QC サークル』誌 2003 年 2 月号　体験事例 1，日本科学技術連盟)

3章 コーヒーブレイク

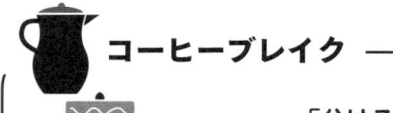

「分ける」は「わかる」

「層別」とは,ツール3-1でデータの特徴に着目して,何らかの共通点や傾向などを持ついくつかのグループに分けることと説明しました.

私たちは,日常の中で「わかる」という言葉を使用しています.実は,この「わかる」の語源は「分かつ」ということであり,「分かつ」＝「分けること」が「わかる」につながっていると言われています.まさに「分けることは,わかることに通じる」ですね.

確かに私たちは,分けることによって,整理を実施し,理解していることがあります.これが「わかる」ということなのです.

ところで,「わかる」を漢字変換すると「解る」「判る」「分かる」が出てきますね.これらはどのように使い分けたらよいのでしょうか? 私は無理に漢字を当てはめないでひらがなでの「わかる」を意識して使用しています.どうしても漢字を使用したい場合には,下記の表を参考にしてください.

手法を活用して図表を作成したら近くに「わかったこと」を記載しましょう,と教えられたことがあります.この時も,漢字ではなく,ひらがなでの「わかったこと」でした.

漢字変換	意味	事例
解る (常用外)	理解する 知識・理論・理屈などの学問的な「わかる」	英語がわかる(解る) 意味がわかる(解る) 答えがわかる(解る)
判る (常用外)	判明する 判別する 区別して比較することで違いが「わかる」	違いがわかる(判る) 善悪がわかる(判る)
分かる	分かち合う 全ての意味で使われる一般的な「わかる」	

ツール 3-5

QC 七つ道具と新 QC 七つ道具

(1) 「QC 七つ道具」「新 QC 七つ道具」とは

　「要望レベル」の把握ができると今度は「要望レベル」に対する「現状レベル」を調べることになります．現状レベルを把握するためには，「QC 七つ道具」が有効です．現状レベルを調べることは問題解決型における現状把握と同じであり，QC 七つ道具（以下 Q7 という），新 QC 七つ道具（以下 N7 という）などのツールを使用してしっかりと行うことが大切です．

　Q7 と N7 の概要を図 3.7 と図 3.8 に示します．

(2) 活用事例による使い方の紹介

　ここでは具体的な事例を使って，現状レベルの調査から「攻め所選定シート」につながる手順を説明します（出典：QC サークル本部主催，第 5090 回 QC サークル全国大会，日産自動車㈱「パワフル／アドベンチャーサークル」発表資料から一部抜粋）．

　説明に用いる事例は，「シリンダーヘッド金型　配管組付けリードタイム短縮」に取り組み，鋳造用金型に配管されている水冷却用配管の組付け時間の大幅な短縮（5 日⇒2 日）を目指したものです（図 3.9 参照）．

　この水冷却用配管は，上型と下型に冷却装置として付いています．冷却装置は，写真（図 3.9 左参照）のように，複雑に入り組んでおり，構造としては配管・継手などから構成され，型の裏側にある配管に水を流すことによって高温のアルミを冷却するものです．この装置の目的は，鋳造のサイクルタイムの短縮と品質向上です．

3章

QC 七つ道具

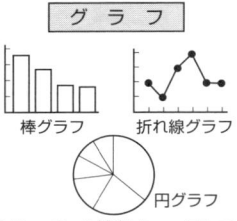

グラフ
棒グラフ／折れ線グラフ／円グラフ

データの持っている情報を，一見して，誰にでも同様に読み取れるように視覚化する．

チェックシート
データを収集しやすく，収集した後は加工しやすいように設計されたチェックのための表または図．

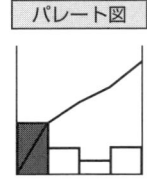

パレート図
改善に取り組む際，重点指向するための情報を得る．

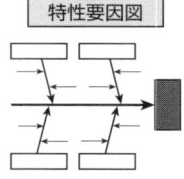

特性要因図
発生している問題（結果）に影響を及ぼす要因を，構造的に図示することで，真の原因を探すための情報を視覚化する．

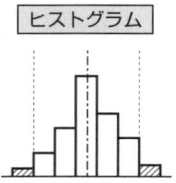

ヒストグラム
集団のばらつき方を視覚化し，その分布（たとえば山は1つなのかそうでないのか）についての情報を得る．

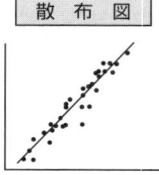

散布図
対応のあるデータについて，両者の関係が強いのか弱いのか，などの情報を得る．

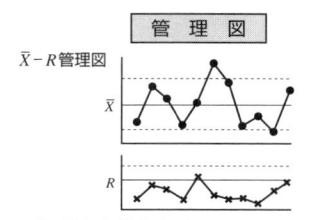

管理図
$\bar{X}-R$ 管理図

工程が安定状態かどうかについての情報を得る．

層別：データを取り扱う際の基本

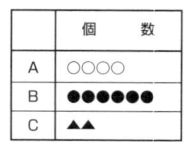

	個　　数
A	○○○○
B	●●●●●
C	▲▲

集団を一定の規則でいくつかのグループに分けて，その差を見出すためのデータ処理方法．

図 3.7　QC 七つ道具
（出典：山田佳明 編著「QC 手法の基本と活用」，日科技連出版社，2010 年）

「攻め所の明確化と目標の設定」に有効なツール

新 QC 七つ道具

親和図法

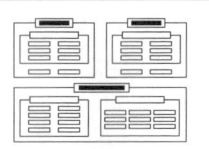

モヤモヤしてはっきりしない状態のものを，事実・意見・発想などの言語データで捉え，それらの互いの親和性で統合することで，解決すべき問題の所在を明らかにする．

連関図法

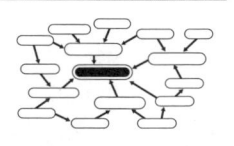

問題がいろいろな現象や原因が複雑に絡み合っている場合，その因果関係や関連性を矢線で結びつけることで，重要な現象や原因を捉え，解決の糸口を見い出す．

系統図法

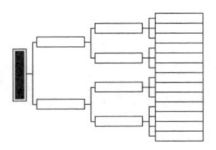

ある目的（目標）に到達する手段を系統的に展開（目的－手段の連鎖で）し，目的を果たす最適な手段・方策を追究する．

マトリックス図法

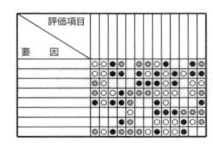

結果と原因，目的と手段など，着目すべき事柄の対になる要素を，行と列に配し，交点に関連の度合いや有無などを表示．問題解決への着想を把握する．

PDPC 法

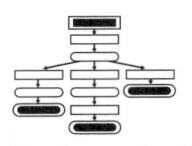

Process Decision Program Chart（プロセス決定計画図）の略で，目的達成の実施計画が，想定されるリスクを回避し，望ましい結果に至るプロセスを決める．

アロー・ダイヤグラム法

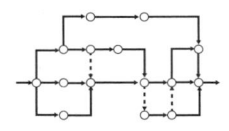

ある仕事を進めていく際，必要な作業の順序関係を明確にし，最適な日程計画を織り込み，効率よく進捗を管理する．

マトリックス・データ解析法

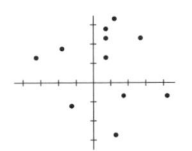

新 QC 七つ道具の中で唯一，数値データを扱う手法．主成分分析とも呼ばれ，マトリックスにおける要素間の関連が定量化できた場合に，これを計算によって見通しよく整理する．

言語データと新QC七つ道具

データは，数値データだけでなく，言葉による「言語データ」もあります．新 QC 七つ道具を活用して整理し，QC 七つ道具と同様に，問題解決に活用します．

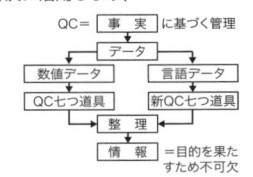

QC＝ 事　実 に基づく管理
　　　　　データ
　数値データ　　　言語データ
　QC七つ道具　　　新QC七つ道具
　　　　　整　理
　　　　　情　報　＝目的を果たすため不可欠

図 3.8　新 QC 七つ道具
（出典：山田佳明 編著「QC 手法の基本と活用」，日科技連出版社，2010 年）

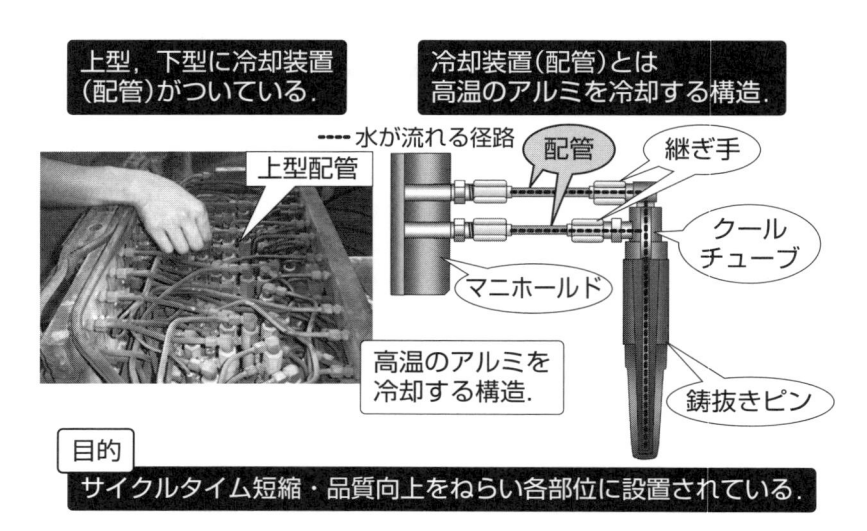

図 3.9 鋳造用金型の水冷却用配管
(出典：QC サークル本部主催，第 5090 回 QC サークル全国大会，日産自動車㈱「パワフル／アドベンチャーサークル」発表資料から)

手順1. 調査項目を決める

特性要因図で要因を洗い出す時によく使う 4M を活用して調査項目を決めていきます．事例では，人 (Man)，材料・部品 (Material)，設備・機械 (Machine)，方法 (Method) に分けて具体的な調査項目をみんなで話し合って決めました．次に，誰がいつまでに調査するかマトリックス図で明確にして，各自が責任を持って調査を行いました．

区分	調査項目	役割	いつまでに
特性	組付け時間	菊池	9/10
人	組付け工数	菊池	9/10
材料(もの)	配管本数	西原	9/15
材料(もの)	配管保管状況	西原	9/15
方法	CAD 組付け方法	柴谷	9/12
方法	組付け方法	柴谷	9/12
設備	CAD	佐々木	9/20
設備	配管曲げ装置	佐々木	9/20

手順2. 調査結果をまとめる

調査結果は表やリスト，または Q7，N7 などで見やすくまとめます．今回の

事例では，実際にギャップのあった3項目（人：組付け工数，材料；配管本数，方法：組付け方法）についてのみ調査結果を以下に紹介します．

手順3. テーマ特性を確認する

最初に取組みテーマの全体特性をきちんと"見える化"しておくことが大切です．

この事例では配管組付けリードタイム短縮ということで現状レベル（5日）と要望レベル（2日）を「棒グラフ」で比較しています（図3.10参照）．

このように，現状レベル（実績）と要望レベルを比較すると60％もの削減ということで，いかに挑戦的な目標かがわかります．課題達成型のQCストーリーで現状打破するテーマにふさわしいともいえます．

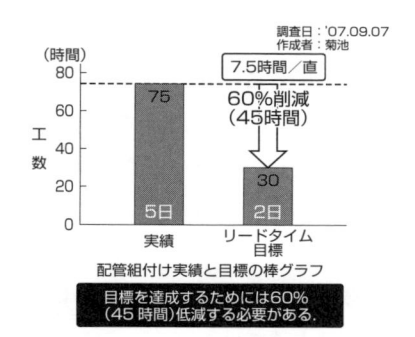

図3.10 テーマ特性の確認

手順4. 人（組付け工数）について調査

まずは，人について調査します．それぞれ人によって組付け工数のばらつきがあるかどうかを調査します．今回は個人ではなく仕事を行うグループ単位（A～Dグループ）で実際の作業時間の調査を行いました．調査結果を図3.11に示します．

各グループの作業時間を「棒グラフ」で表わしました．これで各グループの時間のばらつきが一目でわかります．一番早いグループは69時間，一番遅いグループは80時間で，その差が11時間ありました．

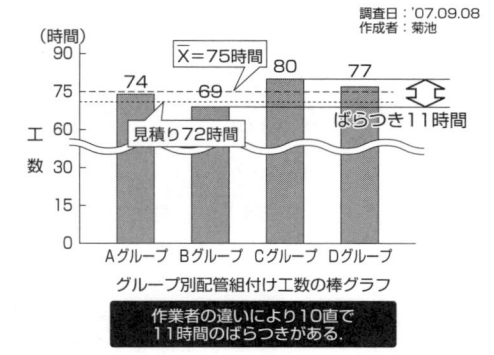

図3.11 配管組付け工数の調査

手順5. 材料（配管本数）について調査

次は材料（配管本数）です．配管がどこに，何本使われているかを調べました．その結果が図3.12です．合計で266本も使われていることがわかりました．ここでは，とくに調べていませんが，配管の材質や長さに層別して調べることも現状把握になります．

パターン	冷却部位	配管数
下型	チャンバー	19
	鋳抜きピン	…
	その他	…
上型	インジェクション	…
	バルブリフター	…
	ヘッドボルト	…
	その他	…
必要配管数合計		266本

金型一式で平均266本の配管が使われている．

図3.12　配管本数の調査

手順6. 方法（組付け方法）について調査

次は方法です．テーマが配管組付け・リードタイム短縮ですから，方法は配管組付け方法そのものです．まずは工程に分けて，それぞれどのくらい時間がかかっているか調べます．

その結果が図3.13です．大きくは「配管取出し」「位置確認」「組付け」であり，組付ける順番はとくに決まっておらず，作業者任せになっているため作業者によるばらつきもあることがわかりました．

1. 組み付ける配管の位置を図面で確認
2. BOXから配管取出し

　配管取出し　4時間

3. 配管の向きを確認
4. 周りとの位置を確認

　位置確認　19時間

5. 配管を継ぎ手にセット
6. 仮締め
7. 本締め
8. マーキング

　組付け　15時間

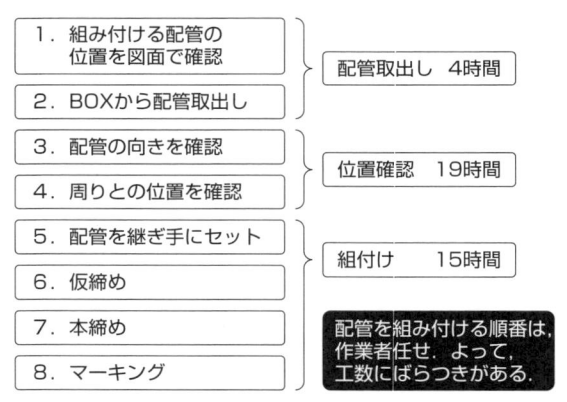

配管を組み付ける順番は，作業者任せ．よって，工数にばらつきがある．

図3.13　組付け工数の調査

さらに作業はそれだけではなく実際には組付け中に配管同士の干渉もあり，そのたびに「組付け直し」を行っていることがわかりました（図3.14 参照）．

結果として，「配管取出し」：4時間，「位置確認」：19時間，「組付け」：15時間，「組付け直し」：28時間でした．

以上の結果を「パレート図」にまとめたのが図3.15の左側です．このパレー

ト図から組付け直しと位置確認で組付け工数全体の62.6%を占めているのがわかります．ここが改善できれば，目標の45時間削減が達成できると考え，作業改善の進め方の一つである「ECRSの原則」を使って攻め所のめぼしをつけています．

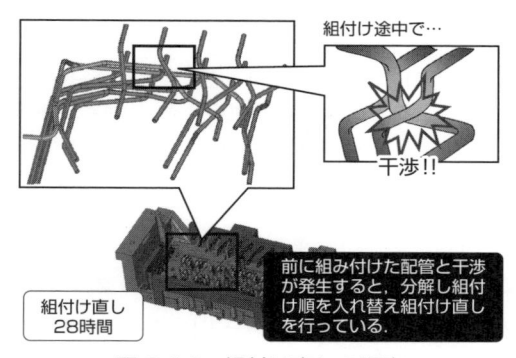

図3.14 組付け直しの調査

組付け作業は実際に必要な作業であり，付加価値のある（本来）作業といえます．これに対して組付け直しは，いわば手直しであり，付加価値のないムダな作業といえます．ムダな作業であれば，なくす（排除：Eliminate）ことを追究することが大切です．また，位置確認は，付加価値のある本来業務である組付け作業に付随した作業といえます．しかし，それをもっと単純にできないか（単純化：Simplify），または，位置確認をしないで（排除：Eliminate）組付けできないかと考えます．これをECRSの原則といいます．

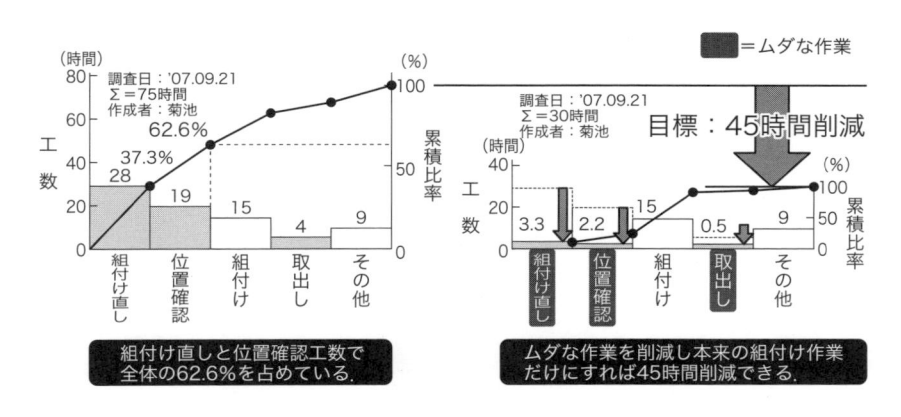

図3.15 組付け工数調査まとめ

3章

```
* ECRSの原則
・排除（Eliminate）      ：価値のない作業を止める
・統合（Combine）        ：一緒に同時にできないか
・入れ替え（Rearrange）  ：順序を変えてみる
・単純化（Simplify）     ：簡素化できないか
```

　この事例ではQC七つ道具のうち，グラフとパレート図を多用しています．このように，グラフやパレート図にしてみると，量の大きさやその大きさの違い（差）や時間的な経過などがひと目でわかるので，現状の状況がよく理解できる，つまり現状の把握がよくできることになります．みなさんも，いろいろな切り口からグラフを書いてみると，いろいろな現状の姿が浮かび上がってくると思います．小学校の頃から慣れ親しんだグラフだけでも，事例のように情報が整理されますので，現状レベルを調べるのに，おおいにQ7，とくにグラフとパレート図を使ってみてください．

「攻め所の明確化と目標の設定」に有効なツール

ツール 3-6

攻め所選定シート

(1)「攻め所選定シート」とは

　攻め所を考え出すためには図3.16のような「攻め所選定シート」が有効です．このシートは，それぞれの調査項目について，要望レベル・現状レベル，そのギャップを解消する方策の方向づけ（攻め所候補）をいくつかの項目で評価して，効果的・効率的に絞り込むまでの一連の手順を整理しつつ，漏れ落ちなく進めるためのものです．

テーマ特性	要望レベル	現状レベル	達成レベル

調査項目	要望レベル	現状レベル	ギャップ	攻め所(候補)	評価項目			総合評価	採否
					ギャップ解消の可能性	お客様の要望度			

図 3.16　「攻め所選定シート」

(2)「攻め所選定シート」の作成手順

手順1．テーマ特性を決める

　テーマ全体の特性を明確にし，特性値の要望（要求）レベル，現状レベル，そして目標設定につながる達成レベルを把握します．
　ツール3-5で紹介した「配管組付け時間短縮」の事例の場合，
　　「テーマ特性」：配管組付け工数
　　「要望レベル」：30時間

「現状レベル」：75 時間

「達成レベル」：30 時間（ギャップは 75 時間 － 30 時間 ＝ 45 時間）

となります．

手順 2. 調査項目を決める

調査項目は，テーマを構成する要素を層別して捉えるものです．テーマの特性（改善したい特性）に影響を及ぼすであろうと思われる要素をピックアップし，それぞれの項目の影響度を評価して調査項目を決めます．

この事例では現状レベルの調査の時に 4M で調査項目を決めているのでその項目をそのまま調査項目欄に記入します．

手順 3. 要望（要求）レベルを決める

テーマ特性の要望レベルを達成するために，調査項目のそれぞれに応じて職場要求値やベンチマーク水準など，根拠のある数値で各調査項目の要望（要求）レベルを示します．その時に，機能，性能，水準などを明らかにすることが大切です．

この事例では，各調査項目の「ありたい姿」を描き，その「ありたい姿」をそのまま各調査項目の要望（要求）レベルとしています．

手順 4. 現状レベルを把握する

要望レベルに対比して現状レベルを把握します．ただし，新規業務など現状レベルが把握できないような場合もあります．

この事例では，QC 七つ道具で現状レベルのデータを調査項目ごとに現状把握しています．

手順 5. ギャップを洗い出す

要望（要求）レベルと現状レベルを比べて，その差がギャップです．

この事例では，たとえば，人における「取出し工数」の場合，要望（要求）レベルは「0.5 時間」，現状レベルは「4 時間」なので，ギャップは「3.5 時間（4 － 0.5）」となります（図 3.15 参照）．レベルが言語データの場合などは，そのギャップを単純に出すことは難しいので，そのようなケースは次ページ以降の作成のポイントで説明します．

手順6. 攻め所候補を決める

　ギャップから，どこに焦点を当てて方策を考えるかを示す攻め所候補を決めます．攻め所は方策そのものではなく，課題達成のための方策案を立案する範囲や領域を指すものです．

　攻め所を小さく捉えると後で方策案がたくさん出せなくなるので，より高位の視点から攻め所を考えるとよいでしょう．系統図でいえば，2次・3次展開で細分化された展開表現ではなく，それらを包含する1次展開の表現で攻め所を表現するイメージです．言い換えれば，狭く，小さく捉えずに一段高い視点で目的を考えることです．

　ギャップの裏返し表現を攻め所にしている場合をよく見かけますが，アイデア出しの幅が制限されてしまいますので，表現を慎重に考えることが大切です．

手順7. 攻め所候補を評価する

　攻め所候補を絞り込むために，ギャップ解消の可能性（期待効果）やお客様の要望度などで評価して採用する攻め所を決めます．

　以上が手順としての説明ですが，実際に「攻め所選定シート」を作成して，攻め所候補を決めようとすると方策案が並んでしまったり，範囲を狭く捉えて最初からアイデア発想の豊かさを狭めていたりします．

　この攻め所候補を決めるところがもっとも難しいところですので，そのポイントについて次に説明します．

（3）「攻め所選定シート」の作成ポイント

　「攻め所選定シート」を活用した事例はいろいろな書籍で紹介されていますが，実際に作成してみるとなかなか難しいものです．

　とくに，ギャップを定量的な数値で表わせる場合は，そのギャップ（差）はすぐわかりますが，言語データの場合には，ギャップの捉え方や攻め所候補の表現を的確にする必要があります．

　手順6の説明で「系統図でいえば，2次・3次展開で細分化された展開表現ではなく，それらを包含する1次展開の表現で攻め所を表現するイメージ」と書きましたが，実際にやってみるとその表現は具体的な方策の表現になってし

まったりして，なかなか難しいというのが現実です．

また，その要望(要求)レベルと現状レベルが言語データでしか表わせない場合，そのギャップ(差)をどう表現すればよいのかおおいに悩むものです．こうした点を重視しながら，引き続き「配管組付け時間短縮」の事例で，「攻め所選定シート」の具体的な作成ポイントを説明します．

1) 攻め所候補について(レベルが数値データの場合)

まずは，テーマ特性を明確にします．事例の場合は現状レベル75時間に対して要望レベル30時間でギャップ45時間となるので，目標達成レベルは配管組付け工数30時間となります．

次に，調査項目に基づいて調査した結果を要望レベルに対する現状レベルとし，そのギャップを把握します．事例では，組付け工数のばらつきがグループ間で最大11時間あった現状レベルを要望レベルでは0(なし)とし，そのギャップは11時間となります．以下同様に現状レベルと要望レベル，ギャップを図3.17「攻め所選定シート」のようにまとめます．

現状レベルと要望レベル，そのギャップを「攻め所選定シート」にまとめたら，次は攻め所候補を決めます．その時のポイントは，「攻め所候補は次ス

テーマ特性	現状レベル	要望レベル	達成レベル
配管組付け工数	75時間	30時間	30時間

区分	調査項目	現状レベル	要望レベル	ギャップ	攻め所候補
人	組付け工数のばらつき	11時間	0時間	11時間	作業の標準化
	取出し工数	4時間	0.5時間	3.5時間	配管方法の見直し
もの	配管本数	266本	266本	なし	―
方法	位置確認	19時間	2.2時間	16.8時間	組付け位置の明確化
	組付け直し	発生	なし	発生	配管方法の見直し
	組付け順番	作業者任せ	1通り	作業者任せ	作業の標準化

ムダな作業を削減し45時間低減する． ⇒ 『順番と方法を明確にする』

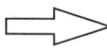

図3.17 「攻め所選定シート」の例

テップの"方策の立案"につながる着眼点を導き出す表現」にすることです．

方策案で多くのアイデアをどんどん出してもらうためにも，攻め所候補は具体的な方策や手段を入れずに着眼点を広く捉えた表現とします．実際には，この「広く捉えた表現」が難しいところになります．この事例でも攻め所候補の選定では苦労が見受けられます．

① 調査項目「組付け工数のばらつき」の場合

調査項目	ギャップ	攻め所候補
組付け工数のばらつき	11 時間	作業の標準化

事例では，単純にばらつくなら標準化が必要と考えたため，攻め所候補がどちらかといえば方策に近くなってしまいました．ここは組付け工数がばらつく中で，A～Dグループのうち B グループの時間が一番短かったので，攻め所としては，たとえば，

「Bグループ組付け方法調査」⇒「組付け方法見直し」⇒「組付け方法統一」

と表現すれば，統一方法の方策の一つとしては標準化もあるということになるので，次のステップでの方策案の幅が広がったと考えられます．

② 調査項目「方法」の場合

調査項目	ギャップ	攻め所候補
位置確認	16.8 時間	取付け位置の明確化

位置確認の場合では，攻め所候補を「取付け位置の明確化」としたため，着眼点の幅をやや狭めています．この場合，

「位置確認方法の見直し」⇒「位置確認作業をできる限りゼロにする」

としたらどうでしょう．攻め所候補を「位置確認作業を限りなくゼロにする」とすれば，次のステップの「方策の立案」で，標準化だけでなく「ECRSの原則」に基づいて，より具体的な方策案が数多くサークル員から出てくるでしょう．

2) 攻め所候補について（レベルが言語データの場合）

要望レベルや現状レベルが言語データの場合のギャップをどう表わすか，これも先ほどの事例で考えてみましょう．

① 調査項目「組付け順番」の場合

調査項目	現状レベル	要望レベル	ギャップ	攻め所候補
組付け順番	作業者任せ	1通り	作業者任せ	作業の標準化

レベルが言語データの場合は，できていないこと，つまり現状レベルがそのままギャップといってもよく，そのためこの事例でも現状レベルをそのままギャップとして表現しています．ただ攻め所候補を導くためには，表現は工夫することがよいと思います．この事例では，

> 作業者任せ⇒作業者でやり方が違う⇒作業者でやり方がバラバラ

と考えてはどうでしょうか．そうすると攻め所候補を，

ギャップ	攻め所候補
作業者でやり方がバラバラ	組付け方法の統一

と考えることができ，標準化だけが方策でなく，実作業での改善案も方策として含まれてくるので方策の検討範囲が広がるのではないでしょうか．

このように，レベルが言語データの場合は，現状レベルがそのままギャップとなりがちですが，そのままギャップとして書くのではなく，その事実は具体的にはどういうことかという視点から表現することが大事です．

② 調査項目「組付け直し」の場合

調査項目	現状レベル	要望レベル	ギャップ	攻め所候補
組付け直し	発生	なし	発生	配管方法の見直し

ここでも現状レベルをそのままギャップにしています．この事実をそのまま具体的に表わせば，ギャップは「組付け直しをしている」ということになります．

攻め所候補については，

> 「組付け直し」⇒「組付け直しを限りなくゼロにする」⇒「配管方法」

となって，攻め所として配管方法そのものを着眼点とするようにうまく攻め所が表現できます．こうなれば，さきほどと同じように「ECRSの原則」や5Sなどを活用して多くのアイデアが出てくるのではないでしょうか．また配管方法とすることで，現状の配管方法の変更だけでなく，冷却方法そのものも違うシステムに変えるような斬新的なアイデアも出てくる可能性があります．課題達成型は実現性うんぬんではなく，現状打破するために多くのアイデアを出すことがポイントですから，数多くのアイデアを出しやすい攻め所が大事です．

3) 攻め所候補の評価

攻め所候補を挙げたら，次にその評価をして攻め所を決めます．

この事例では「攻め所選定シート」で攻め所候補を挙げて，候補の全体から「組付けの順番と方法を明確にする」ことを攻め所としています．通常のやり方としては，「攻め所選定シート」の作成手順の手順7で説明した通り，各項目を評価して，攻め所（候補）を絞り込みます．図3.18では攻め所候補それぞれの評価項目（この場合，「期待効果」と「解消可能性」）を決め，その評価結果で攻め所を絞り込んでいます．

特性・項目		要望レベル (ありたい姿)	現状レベル (現在の姿)	ギャップ	攻め所 候　　補	評価項目		採否
						期待効果	解消可能性	
特性	等級を点数化した合計点	現状20点から30点(50%UP)にする	20点	10点	–	–	–	–
項目	人　経験	経験が豊富	経験が浅い	経験不足	経験を積む	○	×	否
	物　マニュアル	実務マニュアルを完備している	オンラインマニュアルのみ	マニュアルが不十分	マニュアルを充足する	○	○	採
	設備　CAD	バージョンV2.1	バージョンV2.0	大きなギャップなし	–	–	–	–
	方法　勉強	勉強の機会がある	勉強の機会がない	勉強の機会が不足	勉強の機会を設ける	◎	◎	採

〈今までの3次元操作技術の勉強方法〉

・入門書で体験する　➡　仕事の合間にやっていて，進み具合や理解度はまちまち．

・実務で経験を積む　➡　いつも知っている方法のみでやっている．調べたり，勉強したりする時間がない．ほかの人は忙しそうで，質問しづらい．

・過去の勉強会　➡　一部の人しか参加しておらず，内容もばらばら．レベルが高くて理解できない．

・勉強の機会を設ける
・マニュアルを充足する

を攻め所に決定

図3.18　攻め所選定シート

(出典：オンダ国際特許事務所「3D戦隊CADレンジャーサークル」，『QCサークル』誌2007年12月号　体験事例1，日本科学技術連盟)

ツール 3-7

SWOT 分析

「攻め所選定シート」では攻め所候補を評価して絞り込みを行い，その「攻め所」を決定しますが，ここでは少し視点を変えて「SWOT 分析」を使って攻め所候補を考え出したり，絞り込みを行う方法を紹介します．

(1) 「SWOT 分析」とは

「SWOT 分析」とは戦略作成を考えるためのツールの一つで，
　　【内的要因】　S：強み (<u>S</u>trengths)　　W：弱み (<u>W</u>eaknesses)
　　【外的要因】　O：機会 (<u>O</u>pportunities)　T：脅威 (<u>T</u>hreats)
の頭文字をとったものであり，この 4 項目に分けて評価・分析するツールです．
「SWOT 分析」は，1960 年代にスタンフォード大学のアルバート・ハンフリーによって開発され，「自社」についての分析と「自社を取り巻く環境」についての分析を行って，経営戦略の策定に使用する手法です．「自社」というところを「自組織」と置き換えれば，QC サークルでも十分使えるツールです．

(2) 「SWOT 分析」の作成手順

具体的な作成手順を QC サークル活動の活性化を事例として紹介しましょう．

手順 1.　外的要因である「機会」「脅威」をリストアップする

QC サークルの置かれている外部環境（たとえば，政治・経済情勢，会社の業績，ライバルの有無など）について，それが「機会」なのか，「脅威」なのかに分けて整理します．たとえば，

| 業績悪化による予算減のため，外部大会に行けなくなった | ⇒脅威 |
| 社内サークルや関連会社サークルと交流できる機会がある | ⇒機会 |

のように QC サークルを取り巻く環境の変化など，自分たちでコントロールできない外的要因を 2 つに分けて考えます．

手順2. 自組織の「強み」「弱み」をリストアップする

手順1.でリストアップした「機会」「脅威」も参照しながら，QCサークルについての「強み」「弱み」を数多くリストアップします．たとえば，

　　サークルの強み⇒・経験豊富なベテランが複数いる
　　　　　　　　　・全社大会で銀賞受賞経験がある
　　　　　　　　　・提案件数が部内でトップクラスである
　　サークルの弱み⇒・メンバー構成が高齢者層と若手層に分かれ，とくに若手のQC知識が乏しい
　　　　　　　　　・QCサークル活動嫌いの人がいる
　　　　　　　　　・交替制勤務のため会合参加率が低い

のように，内的要因として自分たちでコントロールできることを，2つに分けてリストアップします．

手順3. マトリックスに整理する

手順1，2．でリストアップした項目を図3.19のように外部要因をマトリックスの縦軸に，内部要因を横軸に記入し，各象限（交点）ごとに戦略を考えます．たとえば，「強み」と「機会」では，積極的に攻勢をかけ競合を打ち負かす積極的攻勢戦略を考えます．「強み」と「脅威」では，強みを活かして脅威を回避できないか，または他と差別化できないか，そんな差別化戦略を考えます．

「弱み」と「機会」では，弱みによってせっかくのチャンスを逃す恐れがあるので，それを防ぐ具体的な段階的施策戦略を考えます．最後の「弱み」と「脅威」では最悪を想定し，それをどう防ぐかという専守防衛戦略を，防げなければ撤退戦略を考えます．

このような点から，SWOT分析は現状把握や攻め所候補を考える際に有効に使えます．たとえば，現状レベル（現在の姿）を外的要因と内的要因の4項目に分けて分析し，各象限で要望レベル（ありたい姿）や攻め所候補を戦略レベルで考え出すという活用方法があります．

次に，考え出した攻め所候補を適切な評価項目で評価して，攻め所を絞り込むとよいでしょう．

「攻め所の明確化と目標の設定」に有効なツール

		内 部 要 因	
		〈強み〉	〈弱み〉
		・経験豊富なベテランが複数いる ・全社大会で銀賞受賞経験がある ・提案件数が部内でトップクラスである	・メンバー構成が高齢者層と若手層に分かれ，とくに若手のQC知識が乏しい ・QCサークル活動嫌いの人がいる ・交替制勤務のため会合参加率が低い
外部要因	〈機会〉	〈積極的攻勢戦略〉	〈段階的施策戦略〉
	・支援者にやる気のある上司がそろっている ・工場事務局がいつでも支援してくれる体制がある ・社内サークルや関連会社サークルと交流できる機会がある	サークルの強みを活かして，どのような機会を取り込むことができるか．	サークルの弱みによって機会をつかみそこねないか（それを防ぐにはどうすべきか）．
	〈脅威〉	〈差別化戦略〉	〈専守防衛戦略 or 撤退戦略〉
	・業績悪化による予算減のため，外部大会に行けなくなった ・隣りの課に急激に成長してきたサークルがいる	サークルの強みによって脅威を回避できるか（他社には脅威でも自社の強みで差別化要因にすることはできないか）．	サークルの弱みに対して脅威はどのような影響を与えるか（それを防ぐにはどうすべきか）．

図3.19 「SWOT分析」マトリックス

(3) 「SWOT分析」の作成事例

図3.20は実際に「SWOT分析」の手順で紹介した「機会」「脅威」「強み」「弱み」を活用して作成したものです．

分析で得られた戦略を攻め所候補にすれば，このサークルは着実に成長し，やがてトップサークルになることが期待されます．

	内部要因	
	〈強み〉	〈弱み〉
	・経験豊富なベテランが複数いる ・全社大会で銀賞受賞経験がある ・提案件数が部内でトップクラスである	・メンバー構成が高齢者層と若手層に分かれ，とくに若手のQC知識が乏しい ・QCサークル活動嫌いの人がいる ・交替制勤務のため会合参加率が低い
〈機会〉 ・支援者にやる気のある上司がそろっている ・工場事務局がいつでも支援してくれる体制がある ・社内サークルや関連会社サークルと交流できる機会がある	〈積極的攻勢戦略〉 ・事務局と上司の支援を受けて，全社大会金賞とQCサークル全国大会出場を目指す ・社内受賞サークルからいろいろなノウハウを取り込む	〈段階的施策戦略〉 ・サークルのチームワークを高めるイベント・行事を増やす ・研修や役割分担の工夫でレベルアップをはかる
〈脅威〉 ・業績悪化による予算減のため，外部大会に行けなくなった ・隣りの課に急激に成長してきたサークルがいる	〈差別化戦略〉 ・自主参加を含めて，社外で学ぶ場を増やす ・アイデア力を活かしてサークルの特色化をはかる	〈専守防衛戦略or撤退戦略〉 ・中期計画を作り，あせらずに着実に前進し，目標を達成する

図3.20 「SWOT分析」結果

TOOL

第4章

「方策の立案」に有効なツール

テーマの選定 → 攻め所の明確化と目標の設定 → **方策の立案** → 成功シナリオの追究 → 成功シナリオの実施〜標準化と管理の定着

4章 「方策の立案」のポイントとツール

「方策の立案」は，「攻め所の明確化と目標の設定」のステップで明確にした攻め所（着眼点）について，目標達成可能と思われる方策案（アイデア）をできるだけたくさん出し，その中から期待効果（目標達成への適合度合い）で評価して有効な方策をいくつか選び出すステップです．

このステップの実施手順と本章で紹介するツールを表 4.1 に示します．実際のアイデア出しに当たっては，表 4.2 の実行手順を参考にしてください．

表 4.1 「方策の立案」の実施手順と有効なツール

【実施手順】	【有効なツール】
1. 方策案の列挙 2. 方策案の絞り込み	ツール 4-1　ブレーン・ストーミング法 ツール 4-2　系統図法 ツール 4-3　ブレーン・ライティング法 ツール 4-4　希望点列挙法 ツール 4-5　欠点列挙法 ツール 4-6　チェックリスト法 ツール 4-7　焦点法 ツール 4-8　ビジュアル・コネクション法

表 4.2 「方策の立案」におけるアイデア出しの手順

段階	実行手順	実施すべき内容
準備	1. 攻め所の認識	攻め所（着眼点）の内容や背景などをメンバー全員で確認．
発想	2. アイデアの引き出し（アイデア抽出）	それぞれの攻め所をもとに，目標達成につながると思われるヒラメキや思いつきを引き出す．自分たちの固有技術が重要なアイデア抽出に大切である．
発想	3. アイデアを育てる	引き出されたヒラメキ，思いつきを組み合わせたり，修正・追加することなどによってアイデアを磨き，育て上げる．
まとめ	4. アイデアをまとめる（方策の立案）	アイデアを具体化させるために，さらに練り上げて整理し，方策案として絞り込む．

（1）「方策案（アイデア）の列挙」のポイント

1) 方策案（アイデア）は，採用したすべての攻め所について実行することを基本とします．ただし，複数の攻め所には相互関係も深く，その中の一つの攻め所によっては，他の方策に影響を与える場合があるので，その時には次の方法によって方策案（アイデア）を列挙してみるとよいでしょう．
    ① 期待効果の大きい攻め所に焦点を絞って，先に検討する．
    ② 関連がありそうな複数の攻め所をまとめて考え，方策案（アイデア）を列挙する．
2) メンバー全員の衆知・衆情を結集して，方策案（アイデア）を出すのに有効な手法を活用します．
3) 自分たちの従来からの仕事のやり方や，慣習や実現性などには捉われないで，発想を転換して，アイデア出しの手順やアイデア発想ツールなどを効果的に活用して自由奔放に方策案（アイデア）をたくさん出します．
4) 社内の他職場や他サークルだけではなく，他社や他業種などの情報（考え方，方法，事例など）も調査して，それをヒントとして活かすなど参考にしてください．

（2）「方策案（アイデア）の絞り込み」のポイント

1) 「方策の立案」のステップでの評価は「期待効果の大きさ」のみについて実施し，この手順の段階では「実現性」については評価しないようにします．
　　初めから実現性を評価してしまうと，単に実行しやすい表面的でありきたりの方策案しか抽出できないおそれがあり，本当に効果のある方策を見落としてしまう可能性があります．せっかく，自由な発想でいろいろとアイデアを出し合った意味がなくなってしまいます．そして，月並みで平凡な方策になってしまいがちです．
2) 評価は，テーマの特性の尺度で考慮して方策案ごとに期待効果を出して行

います．
3) 期待効果は，可能な限り数値で表わすことがベストですが，数値で表わすことが困難な場合も多く発生します．このような時には5段階評価の方法によって，予測される効果の大きさの相対評価で順位づけできるようにします．
4) 方策案の評価ができたら，各攻め所の区分・範囲ごとに順位づけを行うことが基本です．攻め所が相互に関連し合う場合などは，関係する複数の攻め所の範囲で出された各方策案（アイデア）を比較して，順位づけをします．
5) それぞれの方策は効果があっても，ほかの方策と合わせると期待効果が自分たちが考えて予測した通りに出ない場合は，ほかの方策と組み合わせて総合的に効果を確認して順位づけや採否を決めることも大切です．

(3) 「アイデア発想法」使用上のポイント

世の中にはさまざまなアイデア発想法が紹介されていますが，その基本となるものは図4.1に示すようにアイデアをどんどん出して，範囲や規制に捉われずに自由奔放にアイデアを広げる「発散思考法」と，多く出したアイデアを目的に合わせて絞り込む「収束思考法」に大別されます．

発散思考法は数多くのアイデアを出すプロセスで使われるいろいろなツール（発想法）を総称したもので，範囲や規制に捉われることなく自由奔放にアイデアを広げます．「質より量」「自由に大胆に」「判断なし」「組み合わせ」が重要です．

一方，収束思考法は，発散思考法で数多く出されたアイデアを系統的にまとめたり，整理する段階でさらにアイデア発想ができるメリットを持ち，「分析・統合」「ゴミとり洗練」「具体的に」「目的意識で」を考慮して活用するとよいでしょう．誤った判断や曖昧な表現は避けて，わかりやすくすることも忘れないでください．

発散思考法を用いて自分たちの視野・視点を拡張して，切り口を広げて出したアイデアを収束思考法でいかに絞り込み，いかに有効で効果の高いアイデア

```
発散     ─ 自由連想法 ─ ブレーン・ストーミング法，ブレーン・ライティング法
思考法
         ─ 強制連想法 ─ チェックリスト法，特性列挙法，形態分析法，
                        希望点列挙法，欠点列挙法
         ─ 類比連想法 ─ 仮想状況設定法，逆設定法，入出法，焦点法

収束     ─ 空間配置法 ─ 帰 納 法 ─ 親和図法
思考法                  因 果 法 ─ 連関図法，特性要因図
         ─ 系列配置法 ─ 系 統 法 ─ 系統図法
                        時系列法 ─ PDPC法，アロー・ダイヤグラム法
```

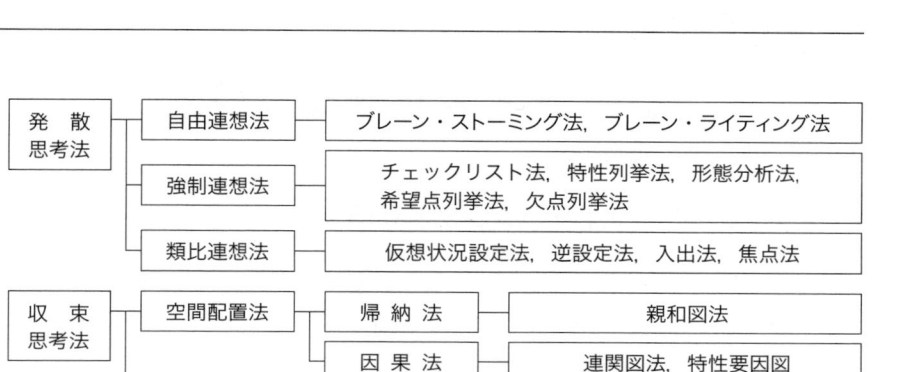

図 4.1 「アイデア発想法」の分類と関連するアイデアツール
(出典：高橋 誠 編著『新編 創造力事典』，日科技連出版社，2002 年を参考に作成)

につなげていくかが重要となります．発散思考法と収束思考法の特徴を活かし，組み合わせて使っていくことも忘れないでください．

　これから紹介するアイデア発想法はあくまでも道具です．繰り返して使えば光り輝き，使わなければ錆びついてしまいます．ツールを使われるみなさん自身がカギを握っています．

4章

ツール 4-1
ブレーン・ストーミング法

(1)「ブレーン・ストーミング法」(BS法)とは

　アイデア発想の基本技法として広く知られており，多くの人が利用しているのが「ブレーン・ストーミング法」です．創造力とか創造性というものは，特殊な人の持って生まれた能力と考えられがちですが，「ブレーン・ストーミング法」を利用すると，誰でも容易にアイデアを発想できることがわかり，多くの企業でさまざまな場面で使われています．

　開発者のA・F・オズボーンは，
- 批判しないとアイデアはたくさん出る
- アイデアは多ければ多いほどよいものが生まれる
- 一人よりグループでやったほうが生産的

と述べており，そこから4つの基本ルールが決められています．
　この基本となる次の4つのルールを守ることが大切となります．

批判禁止	どんな意見が出ても議論・批判しない
自由奔放	奔放な発想や奇想天外は，大歓迎！　発想にタブーなし
量を求む	数で勝負する．量の中から質の良いものが生まれる
便乗発展	他人の意見に便乗し，これをさらに発展させる，組み合わせる

　ブレーン・ストーミングを始める前に準備しておきたいことや注意しておきたいこととしては，電話や騒音などで会合が中断されないような静かな場所を選び，座席の配置なども全員の声や顔が見渡せるよう車座に座って行うようにします．また，アイデアを記録するための模造紙や付箋，黒板などを準備し，会合を円滑に進めるためにあらかじめリーダー，書記を決めておいてからスタートしましょう．

(2) 「ブレーン・ストーミング法」の進め方

手順1. 目的を明確にする

① アイデア発想する目的を，参加メンバー全員でよく理解します．
② 目的をグループで検討することは，目的の共有化に役立ちます．
③ 制約条件などがあれば，それらも決めておくとよいでしょう．

手順2. テーマを具体的に決める

どんな問題でも「ブレーン・ストーミング法」で解決できるわけではありません．解決策がたくさん出てくる可能性のある問題が適しています．

① テーマは具体的にすればするほどアイデアが出やすくなります．
② 具体的なテーマは解釈に違いが出ないので，思考の方向性を統一できます．

手順3. アイデアを出す

① とっさに思い出した事柄をアイデアとして出します．
② 4つのルールを守りながら，とにかくどんどんアイデアを出します．
　・過去に経験した，似たようなアイデア，すでに出されたアイデアの一部を置き換えます．
　・現在あるものを新しい使い方に変える，機能を変えずにもっと価格の安いものを考えます．
③ 出たアイデアをすべて記録しますが，アイデアを挑発するワードを外さないように注意します．
④ アイデア数は1人で最低10件以上を目標にします．

手順4. アイデアをまとめる

アイデア出しが終わったら，いったん1時間程度の休憩をとってから再開します．

① 出たアイデアをまとめやすい（親和性のある）領域やカテゴリーに分類します．5～6のアイデアで分類（カテゴリー）をつくり，重複したアイデアは除去します．
② カテゴリーの親和性で大分類して整理します．
③ 整理する段階で新しいアイデアが出たら追加します．

4章

手順5. アイデアを評価し，絞り込む

① アイデア発想の目的・目標をメンバーで再確認します．

② 目的・目標に合った分類項目を選び（一匹狼のアイデアも分類項目と同等に扱う），抽出した分類項目の中からよいアイデアを選び出します．

③ 自分たちの持っている固有技術を評価の基準にしますが，極力，「効果性」と「実現可能性」(注)などで評価します．ただし，新しいアイデアを求める時は，「独自・独創性」や「新規性」を加えます．

　（注）課題達成型では，「実現可能性」で評価するのは「成功シナリオの追究」のステップに入ってからにしましょう．

(3) カードを使って「ブレーン・ストーミング法」を実施した例

・・・・・・・・・・・・・・・・・・・・・・・・・・・・・・・・・・・・・
　　　　テーマ：課題達成型QCストーリーを効果的に使用する
・・・・・・・・・・・・・・・・・・・・・・・・・・・・・・・・・・・・・

① メンバー全員のテーマに対する出されたアイデアをカードに記録します（図4.2参照）．

② カテゴリー別にカードを整理します．

　例では記録されたカードを全員で確認して，内容の類似したものや似たもの同士に整理して4つのカテゴリーに分類しました（図4.3参照）．

　・分類したカテゴリー：「教育・勉強会」「意識・動機」「テーマ・活動」「ベンチマーク」など

③ アイデアを評価して絞り込みます．

　例ではカテゴリー別に整理されたカードを全員で確認し，テーマ実現に向けて「効果」「全員参画」の2面からマトリックス図で評価しました（図4.4参照）．

④ 採用されたアイデアについて，その具体的な実施方法・実施計画やメンバーの役割分担などを検討して，実施に向けて取り組むことにしました．

「方策の立案」に有効なツール

QCストーリーの効果を知る	課題達成の意味を理解する	会社の方針を理解する	全員が発言する
とにかく使ってみる	外部のセミナーに参加する	職場の課題を理解する	課題達成を実現して社内大会で優勝する
グループで勉強会を行う	QCサークル大会に参加する	アイデア発想法を学ぶ	社内勉強会に積極的に参加する
「QCサークル」誌を読む	QC手法を学ぶ	やる気を出す	社内・外の事例に学ぶ
書籍を買って学ぶ	推進者に教えてもらう	達成感を感じるテーマを考える	他のQCサークルと交流する
活動経験を積んでいく	メンバーを集める	全員で役割を担う	先輩サークルと合同で活動してみる
上司を巻き込んで活動する	やらされ感を持たないテーマに取り組む	使う楽しみを体感する	優秀事例をベンチマークする
推進者に支援してもらう	課題達成型に合ったテーマを考える	データ収集を効率的に実施する	支援するツールを勉強する
業務に密着した問題・課題に活用する	ムリのない計画をメンバー全員で立てる	挑戦する気持ちを持つ	身近なものに挑戦する
成功体験を積む	データや情報収集に時間をかけない	他社の活動を見学する	頭を柔らかくする

図4.2　アイデアをカードに記録

教育・勉強会
- 推進者に教えてもらう
- グループで勉強会を行う
- 書籍を買って学ぶ
- 支援するツールを勉強する
- アイデア発想法を学ぶ
- 外部のセミナーに参加する
- QC手法を学ぶ

ベンチマークなど
- 優秀事例をベンチマークする
- 社内・外の事例に学ぶ
- 他社の活動を見学する
- 他のQCサークルと交流する
- QCサークル大会に参加する

意識・動機
- 頭を柔らかくする
- 全員で役割を担う
- メンバーを集める
- 使う楽しみを体感する
- 挑戦する気持ちを持つ
- 社内勉強会に積極的に参加する
- 成功体験を積む
- 身近なものに挑戦する
- とにかく使ってみる

テーマ・活動
- 達成感を感じるテーマを考える
- やらされ感を持たないテーマに取り組む
- 業務に密着した問題・課題に活用する
- 課題達成型に合ったテーマを考える
- 上司を巻き込んで活動する
- 職場の課題を理解する
- 課題達成の意味を理解する
- 会社の方針を理解する
- QCストーリーの効果を知る
- 先輩サークルと合同で活動してみる
- 課題達成を実現して社内大会で優勝する

図4.3　カテゴリー別にカード整理

評価点:○(3点)／△(2点)／×(0点)

	出されたアイデア	効果	全員参画	総合計	採用／不採用
教育・勉強会	推進者に教えてもらう	△	△	4	
	書籍を買って学ぶ	○	△	5	
	グループで勉強会を行う	○	○	6	採　用
	支援するツールを勉強する	○	×	3	
	アイデア発想法を学ぶ	○	○	6	採　用
	外部のセミナーに参加する	○	×	3	
	QC手法を学ぶ	△	△	4	
意識・動機	頭を柔らかくする	○	○	6	採　用
	全員で役割を担う	△	○	5	
	メンバーを集める	×	△	2	
	使う楽しみを体感する	△	△	4	
	挑戦する気持ちを持つ	△	△	4	
	社内勉強会に積極的に参加する	○	○	6	採　用
	成功体験を積む	△	×	2	
	身近なものに挑戦する	○	○	6	採　用
	とにかく使ってみる	×	△	2	

図4.4　マトリックス図で評価・絞り込み

ONE POINT

ブレーン・ストーミング法のワンポイント

◆メンバーの一人ひとりが参加して考え，発言してお互いに刺激し合うこと．

◆ブレーン・ストーミング法の基本となる"4つのルール"は必ず守って進めること．

◆アイデアを出し合う場面では，決して出されたアイデアの良し悪しを評価しないこと．

◆アイデア評価にはアイデア発想より時間をかけて，アイデアを洗練し磨きあげること．

ツール 4-2

系 統 図 法

（1） 「系統図法」とは

　「系統図法」は，新 QC 七つ道具の一つであり，要因から対策を見つけ出すツールとして，経営管理者，専門技術者から QC サークルまで幅広く使われています．

　「系統図法」の特徴としては，目的，目標，結果などのゴールを設定して，その目的を達成するための手段を考え，その手段を達成するために，さらに手段を考える時に，その手段を次の手段の目的にして展開していくツールです．

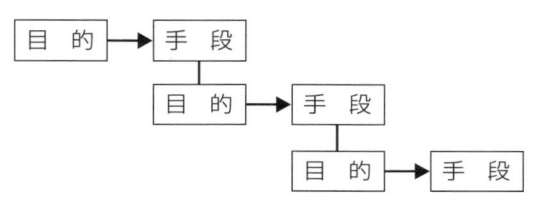

　「系統図法」は，その使い方によって基本的に次の2つの型があります．
　① 方策展開型：問題（課題）の解決（達成）の方法（対策）を得る場合に使う
　② 構成要素展開型：改善対象の"中身"を明らかにする場合に使う
　ここでは，QC サークルで一般的に多く使われている方策展開型の「系統図法」について解説をしていきます．

（2） 「系統図法」の作成手順

　「系統図法」は出されたアイデアを整理し，可視化してメンバー全員が共有することが大切ですから，作成の際はメンバー全員が見える状態にすることが大切です．また，「系統図法」は収束思考法に分類されていますが，同時に発散思考法でもありますから作成途中でひらめいたアイデアをどんどん追加していきます．

手順1． 目的・目標を設定する

① 目的（目標）をメンバー全員で確認し，カードに書いて模造紙に貼ります．解決したい問題（課題）を「○○を△△するためには」という表現にして，これを目的または達成したい目標とします．目的は簡単明瞭，誰にでもわかる表現として，必要ならば短文でも可です．

② 制約条件があればそれを付記しておきます．

手順2． 1次手段を考える

① 目的を果たすための直接の手段となる1次手段を考えます．

② 1次手段をカードに書き，目的のカードの右側に縦に並べます．
・1次手段がすぐに実行可能なレベルとはならないのが普通です．
・1つの手段だけではなく，少なくとも3～4個の手段を書き出します．
・カードには「～を～する」と書くと次の手段を展開しやすくなります．

手順3． 2次以降の手段を展開する

① 1次手段を目的として，目的を達成する手段をカードに書き，1次手段のカードの右側に置きます．

② 同様に，3次，4次と実行可能な手段まで展開して進めていきます．
2次手段以下の手段は2項目以上を考えて，手段が直列にならないようにします．

手順4． 目的と手段の関係を確認する（図4.5参照）

① 目的と手段の関係を検証するために，「この目的を果たすために，この手段は有効か？」と確認していきます（左から右へ見ていく）．

② 次に，下位の手段から上位に向かって，「この手段を実施することで目的は達成できるか？」と逆に確認していきます（右から左に見ていく）．

③ 確認の過程で，必要とする手段が新たに発見されれば追加し，不要なものは削除し，表現がよくないものについては修正します．
この手順が系統図の中でももっとも重要な部分となります．単に手段の系統展開・整理のみに心を奪われ，作成を焦ってはいけません．

④ 目的と手段の関係を線で結び，テーマや作成年月日，メンバーなどの必要事項を記入します．

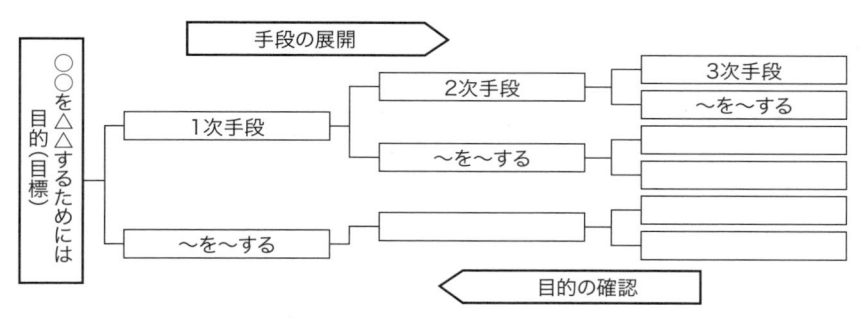

図 4.5　目的・手段の関係の確認

手順 5.　実行可能レベルの手段の評価
① 展開された手段が適切であるかどうか一つひとつ評価します．
② 評価の仕方はさまざまですが，次のような項目で評価するとよいでしょう．斬新性・重要度・効果・経済性・時間／期間・難易度・実現性[注] など．
（注）　課題達成の「方策の立案」段階では，実現性で評価しない．
③ 評価に当たっては，5点法や3点法など独自に設定してよいのですが，必ず評価する前に評価基準を明確に定めておくことが大切です．

手順 6.　実施計画書の作成
実行可能なレベルまで手段・アイデアをさらに具体化，洗練化して実行計画書を作成します．

ONE POINT

系統図作成のワンポイント
◆手段，アイデアを出し合う段階では，前提条件，制約条件，実現性などはまったく考えずにどんどん出していきます．
◆ある目的を達成する手段は複数存在するのが普通です．下位に進むに従って枝分かれして末広がりになっていくのが原則です．下位に進むにつれて尻すぼみになっているのは展開とはいいません．抽象化している場合に多く見受けられるので要注意です．
◆言語の表現の不備や考え方が整理されていないと方策展開が1対1になりやすくなります．

(3) 「系統図法」の活用事例

① 3次展開まで実施した系統図（図4.6 参照）

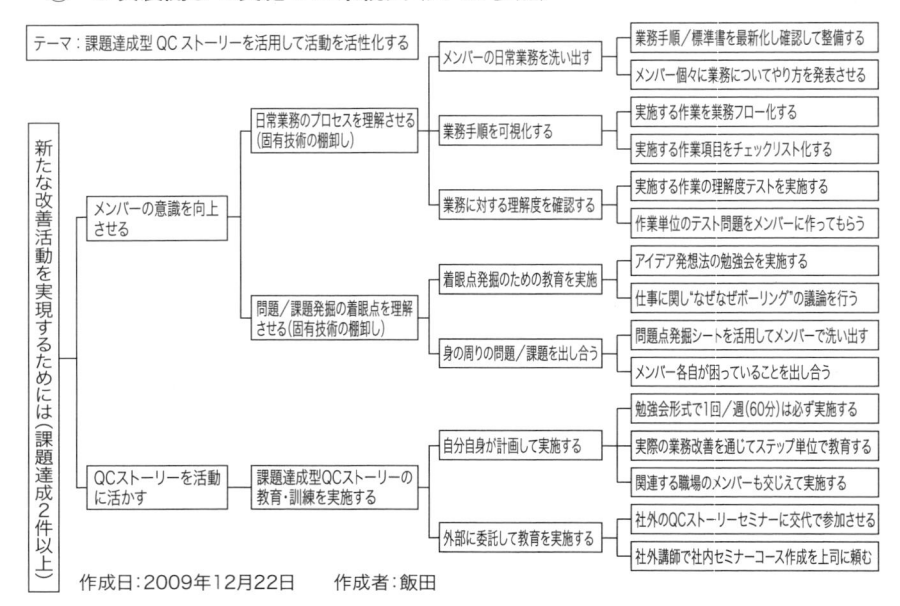

図4.6　3次展開の系統図

作成日：2009年12月22日　　作成者：飯田

テーマ：課題達成型QCストーリーを活用して活動を活性化する

新たな改善活動を実現するためには（課題達成2件以上）

- メンバーの意識を向上させる
  - 日常業務のプロセスを理解させる（固有技術の棚卸し）
    - メンバーの日常業務を洗い出す
      - 業務手順／標準書を最新化し確認して整備する
      - メンバー個々に業務についてやり方を発表させる
    - 業務手順を可視化する
      - 実施する作業を業務フロー化する
      - 実施する作業項目をチェックリスト化する
    - 業務に対する理解度を確認する
      - 実施する作業の理解度テストを実施する
      - 作業単位のテスト問題をメンバーに作ってもらう
  - 問題／課題発掘の着眼点を理解させる（固有技術の棚卸し）
    - 着眼点発掘のための教育を実施
      - アイデア発想法の勉強会を実施する
      - 仕事に関し"なぜなぜボーリング"の議論を行う
    - 身の周りの問題／課題を出し合う
      - 問題点発掘シートを活用してメンバーで洗い出す
      - メンバー各自が困っていることを出し合う
- QCストーリーを活動に活かす
  - 課題達成型QCストーリーの教育・訓練を実施する
    - 自分自身が計画して実施する
      - 勉強会形式で1回／週(60分)は必ず実施する
      - 実際の業務改善を通じてステップ単位で教育する
      - 関連する職場のメンバーも交えて実施する
    - 外部に委託して教育を実施する
      - 社外のQCストーリーセミナーに交代で参加させる
      - 社外講師で社内セミナーコース作成を上司に頼む

② 系統図＋マトリックス図で方策案の列挙と絞り込みした例（図4.7 参照）

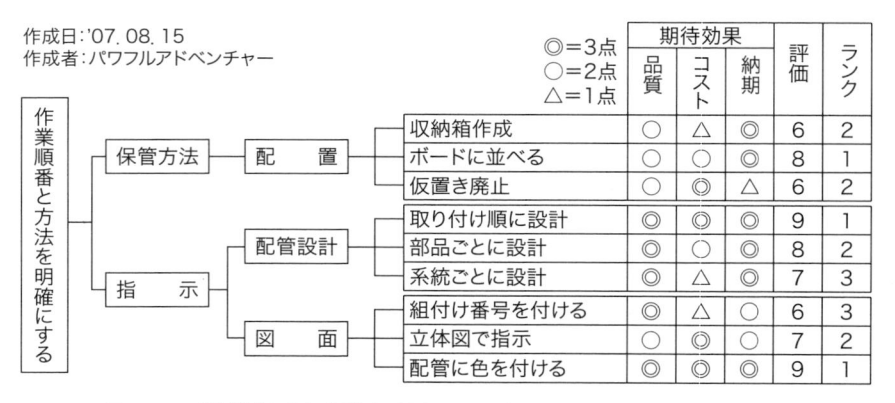

作成日：'07. 08. 15
作成者：パワフルアドベンチャー

◎＝3点
○＝2点
△＝1点

作業順番と方法を明確にする	保管方法	配置	収納箱作成	品質	コスト	納期	評価	ランク
				○	△	◎	6	2
			ボードに並べる	○	○	◎	8	1
			仮置き廃止	○	◎	△	6	2
	指示	配管設計	取り付け順に設計	◎	◎	◎	9	1
			部品ごとに設計	◎	○	◎	8	2
			系統ごとに設計	◎	△	◎	7	3
		図面	組付け番号を付ける	◎	△	◎	6	2
			立体図で指示	○	○	◎	7	2
			配管に色を付ける	◎	◎	◎	9	1

（期待効果：品質／コスト／納期）

図4.7　「作業順番と方法を明確にする」の系統・マトリックス図
　　　　（出典：日産自動車㈱「パワフルアドベンチャーサークル」提供）

ツール 4-3
ブレーン・ライティング法

(1) 「ブレーン・ライティング法」(BW法)とは

別名「沈黙のブレーン・ストーミング」と呼ばれ，アイデアは「ブレーン・ストーミング法」と異なり，"口"ではなく紙（ブレーン・ライティングシート）に書き出していきます．基本ルールは「ブレーン・ストーミング法」の4つのルールに加えて，私語は禁止の5つとなっています．

(2) 「ブレーン・ライティング法」の進め方

「ブレーン・ストーミング法」と同様に，電話や騒音などで会合が中断されないような静かな場所を選び，座席の配置なども全員の声や顔が見渡せるよう車座に座って行います．

また，アイデアを記録するための「ブレーン・ライティングシート（BW用紙：図4.8)を用意し，会合を円滑に進めるためにあらかじめリーダー，書記を決めておいてからスタートします．

手順1. 目的を明確にする
① アイデア発想の目的を，参加メンバー全員でよく理解します．
② 目的をグループで検討することも目的の共有化に役立ちます．
③ 制約条件などがあれば，それらも決めておくとよいでしょう．

手順2. テーマを具体的に決める
① テーマは具体的にすればするほどアイデアが出やすくなります．
② 具体的なテーマは解釈に違いが出ないので，思考の方向性を統一できます．

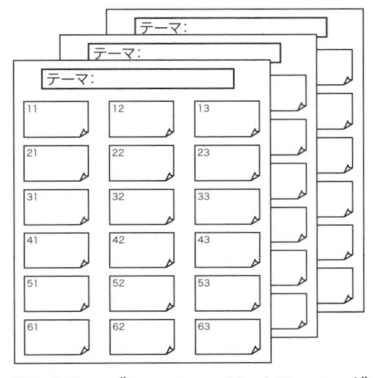

図4.8 ブレーン・ライティングシート

手順3. メンバー各自がブレーン・ライティングシートを持ち車座に座る

メンバー同士が見渡せるように座るとよいでしょう．

手順4. 5分間でアイデアを3つ出す

① リーダーの開始の合図でシートの一番上の欄(11, 12, 13)に自分のアイデアを3つ書きます．

② アイデア内容は抽象化しないで具体的に書きます．

③ 最初は絶対にブランクは避け，必ず記入します．

手順5. 全員が記入し，5分たったら用紙を右側の人に渡す(最初に回り方を決めておくこと)

回ってきたシートのアイデアをよく読みます．

手順6. 5分間でアイデアを3つ追記する

すでに(11, 12, 13)に書き込まれているアイデアの下の欄(21, 22, 23)に自分の新しいアイデアを3つ書き加えます．

手順7. 同様にして，リーダーから終了の合図があるまで，次々にシートを回しながらアイデアを追記する

① メンバー全員に一回りするまで，5分間に3つのアイデアを書いて次に回します．

② 前のアイデアを活用した時は，枠の境に↓(矢印)を記入しておきます．

③ 新しいアイデアが出ずに，アイデアのカテゴリが違うアイデアに移る時は枠の境目に太線を引きます．

④ 上記②と③については，必ずしも記入しなくても構いません．

手順8. アイデアを評価し，絞り込む

① アイデア発想の目的・目標をメンバーで再確認します．

② 目的・目標に合った分類項目を選び(一匹狼のアイデアも分類項目と同等に扱う)，抽出した分類項目の中からよいアイデアを選び出します．

③ 自分たちの持っている固有技術を評価の基準にしますが，極力，「効果性」「実現可能性」[注]などで評価します．ただし，新しいアイデアを求める時は，「独自・独創性」や「新規性」を加えます．

　(注) 課題達成型では，「実現可能性」で評価するのは「成功シナリオの追究」のステップに入ってからにしましょう．

「方策の立案」に有効なツール

ONE POINT

「ブレーン・ライティング法」のワンポイント

◆ ブレーン・ライティングシートの記入に当たっては，簡単・明瞭に書くこと．また，絶対に次の人にブランクで渡さないようにする．
◆ 「ブレーン・ストーミング法」と同様に幅広い視点で考えてみる．
◆ 声を出さずに，ブレーン・ライティングシートに記入する．私語は絶対にしないこと．
◆ 若手もベテランも，上司も部下も，立場に関係なく自由奔放にアイデアを記入する．
◆ 「ブレーン・ライティング法」は短い時間で，多くのアイデアを生み出すことができる．

(3) ブレーン・ライティングシートの記入例 (図 4.9 参照)

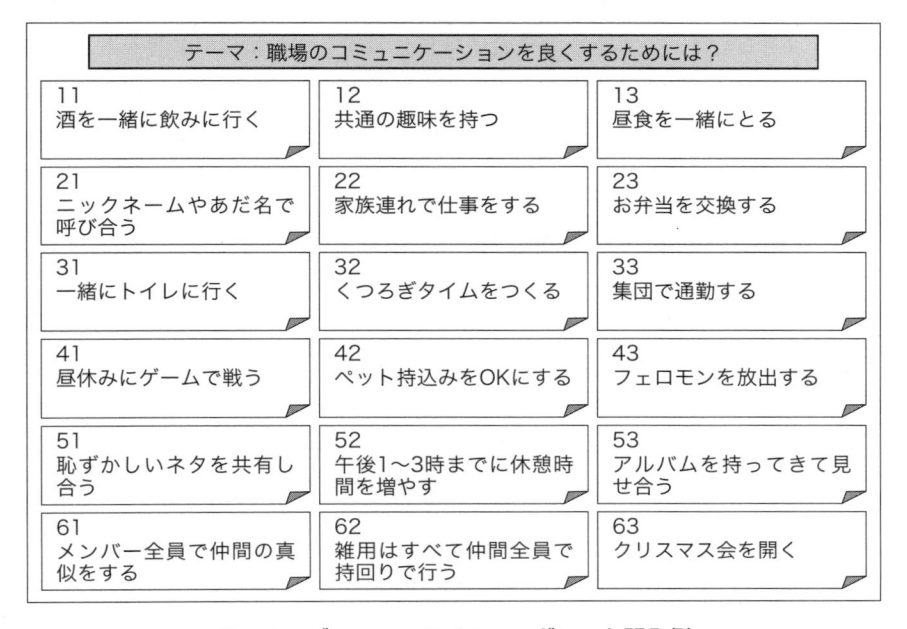

テーマ：職場のコミュニケーションを良くするためには？		
11 酒を一緒に飲みに行く	12 共通の趣味を持つ	13 昼食を一緒にとる
21 ニックネームやあだ名で呼び合う	22 家族連れで仕事をする	23 お弁当を交換する
31 一緒にトイレに行く	32 くつろぎタイムをつくる	33 集団で通勤する
41 昼休みにゲームで戦う	42 ペット持込みをOKにする	43 フェロモンを放出する
51 恥ずかしいネタを共有し合う	52 午後1～3時までに休憩時間を増やす	53 アルバムを持ってきて見せ合う
61 メンバー全員で仲間の真似をする	62 雑用はすべて仲間全員で持回りで行う	63 クリスマス会を開く

図 4.9　ブレーン・ライティングシート記入例

ツール 4-4

希望点列挙法

　私たちは日ごろから何かキッカケがあれば，多くのアイデアを出すことができるものです．

　「ブレーン・ストーミング法」や「ブレーン・ライティング法」はメンバーの意見などをきっかけにアイデアを生み出す方法でした．ここでは，自分自身（メンバー）の夢や願望をそのキッカケにしてアイデアを出し合う希望点列挙法を紹介します．

(1) 「希望点列挙法」とは

　「希望点列挙法」は自分の夢や希望をキッカケ・ヒントにしてアイデアを出し合うツールです．前向きな夢や希望は自分の向上心や願望の追究から生み出されるもので，自由な視点・想像や発想につながるものといわれています．希望点は小さな希望（弱点・短所の裏返し）から前向きで大きな希望（理想や願望）まであります．

(2) 「希望点列挙法」の進め方

　基本的な進め方は「ブレーン・ストーミング法」の 4 つのルールを守り，同じ進め方で実施します．

手順1．目的を明確にする
① アイデア発想の目的を，参加メンバー全員でよく理解します．
② 目的をグループで検討することも目的の共有化に役立ちます．
③ 制約条件などがあれば，それらも決めておきます．

手順2．テーマを具体的に決める
① テーマは具体的にすればするほどアイデアが出やすくなります．
② 具体的なテーマは解釈に違いが出ないので，思考の方向性を統一できます．
③ テーマの領域は拡大し過ぎないように注意します（夢や希望の要求がエ

スカレートすると収拾がつかなくなる恐れがあります).
- 逆に限定し過ぎて「弱点や短所などの裏返し」程度にしかならないように注意します.

手順3. テーマに関して思いついた夢・希望を何でも記録する
① ブレーン・ストーミング法の4原則に従って,メンバー全員で思いついた希望点をどんどん出していきます(1人で最低10件以上を目指します).
- 判断を入れずにどんどん出し合います(ヒラメキ・思いつきなど,なんでもOK).
- メンバー全員の夢や希望をキッカケにして,たくさん出します(非常識も歓迎です).
② 出された希望点をすべて記録します(メモ用紙や模造紙,付箋など). ブレーン・ライティングシートも活用してみます.

手順4. 出された希望点を分類する
① 希望点を出し終えたら,ひとまずリラックスのため休憩を入れます(30分以上).
② まとまりやすい(親和性のある)領域やカテゴリーなどに分類します. 分類は同じ観点で行い,5～6件程度にするとよいでしょう.
③ 重複している希望点は除去し,分類しにくい希望点は必ず残しておきます.
④ 整理の段階で新しい希望点が出たら追加して記録しておきます.

手順5. 分類した希望点を評価して絞り込む
① テーマに対するアイデア発想の目的・ねらいをメンバー全員で再確認します.
② 希望点の選び出しに当たっては,自分の夢・職場や会社の目標を重要な基準とします(問題提供者がいる場合は,その人の主体性／願望／意思を尊重します).

手順6. 採用する希望点を実現・具体化するアイデアを考える
① 評価・選択した希望点について,それを実現させて具体化するアイデアを出し合います(アイデアを分析・統合して不要なゴミをとり,洗練し磨き上げて,具体的に考えてください).

② 具体的になったアイデアを,さらに可能な限り評価・選択して仕上げていきます.

ONE POINT

「希望点列挙法」のワンポイント

◆夢や希望につながる言葉を上手に使って,前向きのアイデアを発掘するために,こんな言葉をヒントにしてみてください.

素晴らしい／独創的な／明日に／未来に／しびれる／感激する／120点満点／究極の／至高の／胸膨らます／珍しい／感動的な／麗しい／華麗な／目新しい／信じられない／うそみたい／ビューティフル／美しい／可愛い／人気抜群の／洒落た／ビッグな／夢心地／目をみはる／素敵な／すごい　など

（3）「希望点列挙法」の事例

テーマ：私たちの夢の冷蔵庫

- ・薄いもの　・たくさん入る　・賞味期限センサーあり　・電源不要　・掃除不要
- ・壁かけ　・フロンガスを使わない　・ドアを開けずに手が入る　・夜になると光る
- ・壁に埋め込み　・カロリー計算機能　・調理する　・乾燥しにくい
- ・欲しいものがすぐ出てくる　・錆びない　・透明で中が見える
- ・ゴミの日を教えてくれる　・移動が自由にできる　・家計簿をつける
- ・食器がしまえる　・伸縮自在　・古い牛乳をヨーグルトにしてくれる
- ・温蔵庫にも変身する　・レンジ，テレビ付き　・音が静か　・冷たい水が飲める
- ・献立を考えてくれる　・音が静か　・値段が安い　・回転する
- ・生ものをラップしなくてもよい　・空けっぱなしだとブザー鳴動　・鍋ごと入る
- ・寂しい時に話相手になる

↓

希望点を「形状」「材質」「使いやすさ（機能）」などで分類して評価

形状：・折りたたみ　・透明　・軽い
　　　　・回転式　・自由な色　など
材質：・さびない　・モーター音小さい
　　　　・耐久性　・衝撃に強い　など
機能：・乾燥しない　・賞味期限表示
　　　　・レンジ，テレビ付き，調理
　　　　・ラップなしで保存が可能
　　　　・冷たい水が出てくる　など
⇒右の絵のような夢の冷蔵庫が出来上がりました

ツール4-5

欠点列挙法

(1) 「欠点列挙法」とは

　私たちは日常の生活や仕事の中で，とかく何事に対しても批判的になりがちです．「欠点列挙法」は，私たちの特性・傾向を逆手にとって，その批判力（ケチをつけたり粗を探すなど）を活用しようとするツールです．別名「逆ブレーン・ストーミング」とか「リバース・ブレーン・ストーミング」とも呼ばれており，とくに職場の問題発見の道具として，またアイデアの収束や評価に多く使われています．ぜひ，QCサークル活動などにおける「仕事や職場の問題点探し」に活用してみてください．「希望点列挙法」が夢や希望をキッカケにしてアイデアを出し合うのに対して，「欠点列挙法」は物事の欠点や不満をきっかけにしてアイデアを出し合うというものです．

　このツールは，ただ思いついた欠点を考えあげていくだけではなく，「ブレーン・ストーミング法」で進めていく中でさまざまな視点・観点からテーマの欠点をながめつつ，適否や良し悪しだけで判断しないで多くの欠点を挙げていくことが大切です．その欠点をキッカケにして自分たちが見逃している点や，潜在している問題や欠点を見つけてアイデアを発想していくことが大切になります．

(2) 「欠点列挙法」の進め方

手順1. 目的を明確にする
① アイデア発想の目的を，参加メンバー全員でよく理解します．
② 目的をグループで検討することも目的の共有化に役立ちます．
③ 制約条件などがあれば，それらも決めておくとよいでしょう．

手順2. テーマを具体的に決める
① テーマは具体的にすればするほどアイデアが出やすくなります．
② 具体的なテーマは解釈に違いが出にくく，思考の方向性を統一できます．

手順3. テーマに関して思いついた欠点・不満を何でも記録する
① 「ブレーン・ストーミング法」の4原則に従って，メンバー全員で思いついた欠点や不満をどんどん出し合います．
　・判断を入れずにどんどん出し合います（欠点とは言い難いものも列挙する）．
　・自分だけの立場や環境だけで欠点を考えないことも大切です．
② 出された欠点・不満をすべて記録する（メモ用紙や模造紙，付箋など）．ブレーン・ライティングシートも活用してみます．

手順4. 出された欠点を分類して，改善の方向を決める
① 欠点を出し終えたら，ひとまずリラックスのため休憩を入れます（30分以上）．
② まとまりやすい（親和性のある）領域やカテゴリーなどに分類します．
③ 重複している欠点は除去します．
④ 整理する段階で新しい欠点が出てきたら追加して記録します．
⑤ 分類されたものを検討・選択して，改善する方向性を検討します．
⑥ メンバー全員で具体的な改善の方向について確認します．

手順5. 改善する方向に沿って実現・具体化するアイデアを考える
① 改善を実現させて具体化するアイデアを出し合います（アイデアを分析・統合して不要なゴミをとり，洗練し磨き上げて，具体的に考えてください）．
② 具体的になったアイデアを，さらに可能な限り評価・選択して仕上げていきます．
③ 評価・選択したアイデアに対して，さらに批判して，活きたアイデアにします．

4章

ONE POINT

「欠点列挙法」のワンポイント

◆アイデアを育てるのもつぶすのも，上司や先輩，メンバー次第です．若い蕾を摘むことなく，花を咲かせて実を作り上げるための職場環境を作ってみてください．アイデアの芽をつんでしまう次のような言葉を使わないようにしてください．

- ムリだよ，そんなことすでにやってみたことじゃないか！
- 突飛で，バカなこと考えるんじゃないよ！
- たいした考えでもないし，おかしいな．
- うまくいっているのだから，別に何もすることはないんじゃないの．
- 時間もお金もかかりすぎるね，次に考えてみよう，後にしてくれないか！
- 考えは決まっているし，そんな意見は受け入れられないね．

(3) 「欠点列挙法」の事例

テーマ：便利で可愛い自動販売機

- 飲みたいものの売り切れが多い　・お釣りがとりにくい　・お金が入れづらい
- 量を選べない　・煙草と飲み物が別々　・どこにあるかわかりづらい
- 日本円しか使えない　・在庫がわからない　・高額紙幣が使えない
- 雨の日には手が濡れる　・扱う商品が少ない　・ゴミ箱がついてない
- 停電になると使えない　・愛想がない　・取り消しができない
- 釣銭を落とすと取りづらい　・押し間違える　・メーカーが限定されている
- ボタンを押さないといけない　・重量が重い　・小銭がないと使えない
- 袋に入れてくれない　・ルーレットが当たらない　・見本と違う
- レシート，領収書が出ない　・品切れが多い　・子どもの手が届かない
- 場所をとる　・飲みたい量だけ買えない　・飲料水だけしか販売していない
- 釣銭切れが多い　など

⬇

欠点を「商品」「機能」「機械」などで分類して評価

「方策の立案」に有効なツール

```
商品： ・種類が少ない　・メーカーが限定されて
　　　　いる飲み物しかない
　　　・ルーレットが当たらない
機械： ・場所をとる　・いつも同じ場所に設置
　　　・デザインがダサイ　・押し間違える
機能： ・味見ができない　・返品がきかない
　　　・レシート（領収書）がでない　・愛想なし
　　　・虫がたかる　・袋がついてこない　など
```

→

声も出して，愛嬌のあるこんな自動販売機になりました

ツール 4-6

チェックリスト法

(1)「チェックリスト法」とは

「チェックリスト法」は，事前に設定された項目に沿って，思いついたことや考えられることをアイデアとして生み出していくツールです．チェックリストには汎用性のある「オズボーンのチェックリスト」や，独自に目的・利用方法などを設定したものなどがあります．

現状を見直し，そこから考えられる事由や原因，その改善とそれを実現するための標準化などの組み合わせによって，アイデアを収束しながら発想をしていこうとする「5W1H のチェックリスト」，商品の改良や企画する際に使用される「GE 社のチェックリスト」，製造工程の原価低減をねらうアイデア発想に有効と言われる「GM 社のチェックリスト」などが知られています（表 4.3 参照）．

表 4.3 チェックリストの種類

分類	チェックリストの名称	考案者	用途・特徴
汎用性のチェックリスト	オズボーンのチェックリスト	アレックス・F・オズボーン	容易に使用／汎用性高い
マトリックスのチェックリスト	5W1H のチェックリスト	―	容易に使用
広告のチェックリスト	アイデア開発チェックリスト	ABW 協会	コピーライター用
自社用考案のチェックリスト	GE 社のチェックリスト GM 社のチェックリスト MIT のチェックリスト	GE 社 GM 社 MIT	価値分析用
語呂合わせのチェックリスト	ださく似たおち きみがむしよぶな	―	個人用，どこでも，すぐに

（出典：杉浦 忠ほか 編著，『こんなにやさしいアイデア発想法』，日科技連出版社，1999 年）

(2)「チェックリスト法」の進め方

ここでは容易に使えて汎用性が高い，もっとも有名なオズボーンのチェックリストを紹介します．

手順 1. 目的を明確にする

① アイデア発想の目的を，参加メンバー全員でよく理解します．

② 目的をグループで検討することも目的の共有化に役立ちます．

③　制約条件などがあれば，それらも決めておきます．

手順2．テーマを具体的に決める
①　テーマは具体的にすればするほど，アイデアが出やすくなります．
②　具体的なテーマは解釈に違いが出にくく，思考の方向性を統一できます．

手順3．チェックリストを用意する
①　「チェックリスト法」に慣れるため，オズボーンのチェックリストを使用しますが，慣れてくれば目的に合わせてメンバーでチェックリストを作成して使用してみるとよいでしょう．
②　リーダーや書記などを決めて，アイデア出しを円滑に行えるようにするとよいでしょう．

手順4．アイデアを出し，アイデアをさらに磨く
①　進め方の基本は「ブレーン・ストーミング法」の4つのルールを厳守します．
②　効果の大きいアイデアに対して，その実現に向けたアイデアをさらに発想してアイデアを磨き育てます．

手順5．アイデアをまとめる
①　いくつかのアイデアをコンセプトとしてまとめます．現実的に実現可能かどうかなどは議論しないようにして，出されたアイデアを活かすようにします．

ONE POINT

「チェックリスト法」のワンポイント

◆「チェックリスト法」は使いやすいツールです．一般的に容易なツールほど目的とする結果が簡単には出てこないものです．しかし，決して途中であきらめずに繰り返し使ってみると，徐々にそのツールの効用が出始めてきます．グループで実施する場合は，次のポイントに留意して進めてください．
　①　メンバー全員が前向きに意欲を持ってディスカッションする．
　②　出されたアイデアはメンバー全員で共有する．
　③　メンバーが満足できるまで繰り返して，同じテーマで3回程度は行う．
　　　・1回目：チェックリストの項目に沿ってアイデアを出し合う
　　　・2回目：アイデアからリスト項目の不備の有無を見直し，リストを完成させる
　　　・3回目：再度チェックリストの項目に沿ってアイデアを引き出す

（3） オズボーンのチェックリストの活用事例（図 4.10 参照）

No.	チェックリスト	発想したアイデア
	テーマ：新時代型ボールペンの商品開発	
1	ほかに使い途はないか？ (現在のままで／少し変えて)	磁気型ボールペン 太字／細字兼用ボールペン
2	ほかからアイデアが借りられないか？ (これに似たものはないか／ほかにアイデアが借用できないか／過去に似たものはなかったか／何か真似のできるものはないか)	照明ライト付ボールペン
3	変えてみたら？ (新しくひねってみたらどうか／意味・色・運動・におい・形・型を変えてみたら)	温湿度可変色ボールペン
4	拡大したら？ (何か加えてみたら／もっと時間をかけたら／回数を増やしたら／長くしたら／強くしたら／付加をつけたら／ダブらせたら／掛け合わせたら／大げさにしたら)	ルーペ付ボールペン
5	縮小したら？ (何か取り除いたら／小さくしたら／圧縮したら／薄くしたら／小型にしたら／低くしたら／軽くしたら／除いたら／分離したら)	インキ壺縮小ボールペン
6	代用したら？ (ほかの代わりにしたら／ほかの型にしたら／ほかのプロセスにしたら／ほかの動力にしたら／ほかの方法にしたら／ほかの音色にしたら)	非接触印字ボールペン
7	要素を入れ替えてみたら？ (要素を入れ替えたら／ほかの型にしたら／ほかのレイアウトにしたら／順序を変えたら／原因と結果を入れ替えたら／ベースを変えたら／日程・時間を変えたら)	折りたたみ式ボールペン
8	逆にしたら？ (ポジとネガを逆にしたら／反射したら／裏返しにしたら／上下を逆にしたら／役割を逆にしたら)	色紙の脱色印字ボールペン
9	組み合わせたら？ (組合せ・組立てたら／ユニットを組み合わせたら／アイデアを組み合わせたら)	ラジオ付ボールペン 山登り用磁石付ボールペン

図 4.10　ボールペンの商品開発（オズボーンのチェックリスト）
（出典：杉浦 忠ほか 編著，『こんなにやさしいアイデア発想法』，日科技連出版社，1999 年）

ツール 4-7

焦 点 法

(1) 「焦点法」とは

　課題の周辺だけで発想していても，ユニークなアイデアは生まれません．そんな時はまったく違う世界を覗いて考えてみることも大切です．類比する事柄をレンズで見るように観察して，その結果をテーマに1つずつ結びつけていく様が，まるで大きなレンズを通した光が同じポイントに焦点を当てていることに似ていることから「焦点法」と呼ばれます．

　まったく違う業界やつながりのない事柄をキッカケとして関連するさまざまな要素や特徴を列挙して，それを1つずつテーマに結びつけていくツールです．

　「焦点法」は個人の技法として活用される場合が多く，グループで進めていく場合は，類比する事象・事柄，要素や特徴を洗い出す時に「ブレーン・ストーミング法」や「ブレーン・ライティング法」を使用しますので，進め方は「ブレーン・ストーミング法」と同じです．

(2) 「焦点法」の進め方

手順1. 目的を明確にする
① アイデア発想の目的を，参加メンバー全員でよく理解します．
② 目的をグループで検討することも目的の共有化に役立ちます．
③ 制約条件などがあれば，それらも決めておきます．

手順2. テーマを具体的に決める
① テーマは具体的にすればするほどアイデアが出やすくなります．
② 具体的なテーマは解釈に違いが出にくく，思考の方向性を統一できます．

手順3. 発想のヒントを選び出す
① なるべくユニークな個性や特徴を持つ，アイデア発想をそそるものを選びます．
② まったく異質の世界や業界などの事例を選びますが，できればメンバー

が知っているものや話題になっていたり，注目を集めているものがよいでしょう．

③ 品物やサービスの仕組み，また，個性のある人物や小説や芝居のようなフィクションでもよいでしょう．新聞やTV，中吊り広告などからもヒントは得られます．

手順4．発想のヒントの要素や特徴をあげる

① 発想のヒントをメンバーでざっくばらんに話し合い，その内容から事柄や特徴をメモします（思いつきでもOK，こじつけもOK）．

② 発想のヒントの要素や特徴は形に捉われなくてもよく，ヒントの属性や連想するものでもかまいません（発想の幅を広げる手がかりをつかむつもりで列挙します）．

手順5．アイデアを発想する

① 発想のヒントと課題をムリやり結びつけながらアイデアを発想します．

② 1項目ずつアイデアを出していきます．こじつけでもかまいません．

手順6．アイデアをまとめる

① アイデアを出し合ったら，30分程度休憩をとります．

② 出されたアイデアをまとめやすい（親和性のある）領域・カテゴリーに分類します．

③ 5～6件のアイデアで分類（カテゴリー）をつくります．

④ 重複するアイデアは除去します．

⑤ カテゴリーの親和性でさらに大分類で整理するとよいでしょう．

⑥ まとめる段階で新しいアイデアが出たら追加します．

手順7．アイデアを評価し，絞り込む

① アイデア発想の目的・目標をメンバーで再確認します．

② 目的・目標に合った分類項目を選び（一匹狼のアイデアも分類項目と同等に扱う），出した分類項目の中からよいアイデアを選び出します．

③ 自分たちの持っている固有技術を評価の基準にしますが，極力，「効果性」，「実現可能性」[注]などで評価します．ただし，新しいアイデアを求める時は，「独自・独創性」や「新規性」を加えます．

（注）課題達成型では，「実現可能性」で評価するのは「成功シナリオの追究」のステッ

プに入ってからにしましょう．

（3） アイデアをシートに整理して「焦点法」の活用事例
　　　（図 4.11 参照）

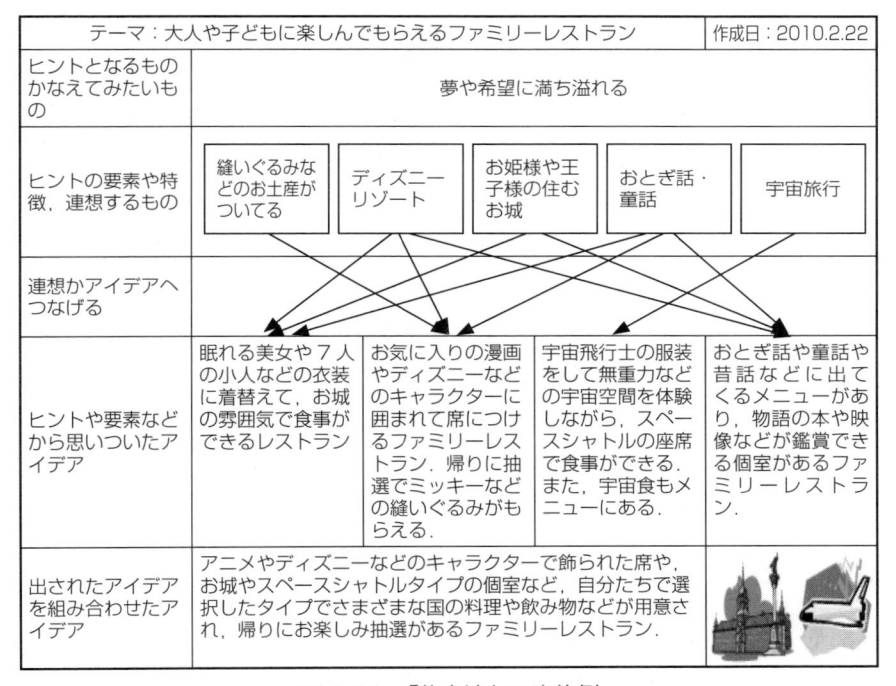

テーマ：大人や子どもに楽しんでもらえるファミリーレストラン						作成日：2010.2.22
ヒントとなるものかなえてみたいもの	夢や希望に満ち溢れる					
ヒントの要素や特徴，連想するもの	縫いぐるみなどのお土産がついてる	ディズニーリゾート	お姫様や王子様の住むお城	おとぎ話・童話	宇宙旅行	
連想かアイデアへつなげる						
ヒントや要素などから思いついたアイデア	眠れる美女や7人の小人などの衣装に着替えて，お城の雰囲気で食事ができるレストラン	お気に入りの漫画やディズニーなどのキャラクターに囲まれて席につけるファミリーレストラン．帰りに抽選でミッキーなどの縫いぐるみがもらえる．	宇宙飛行士の服装をして無重力などの宇宙空間を体験しながら，スペースシャトルの座席で食事ができる．また，宇宙食もメニューにある．	おとぎ話や童話や昔話などに出てくるメニューがあり，物語の本や映像などが鑑賞できる個室があるファミリーレストラン．		
出されたアイデアを組み合わせたアイデア	アニメやディズニーなどのキャラクターで飾られた席や，お城やスペースシャトルタイプの個室など，自分たちで選択したタイプでさまざまな国の料理や飲み物などが用意され，帰りにお楽しみ抽選があるファミリーレストラン．					

図 4.11　「焦点法」の実施例

ツール 4-8
ビジュアル・コネクション法

(1)「ビジュアル・コネクション法」とは

　アイデアは何かヒントやキッカケがあると出しやすいことは，今までのツールで理解されていると思います．この「ビジュアル・コネクション法」は解決したい問題とはまったく関係のない絵や写真を見て，それから感じた印象とテーマを強制的に関連づけ（コネクション：連結），アイデアを発想しようとするツールです．ユニークなアイデア出しに有効だといわれています．

　このツールはメンバーがゆったりとくつろいだ気分でいる時に，映像（絵・写真など）の刺激を与えて連想を引き出そうとするねらいがあります．その意味からも，固い雰囲気の会議室よりは洒落たインテリアの部屋がベストですが，そんな環境がない時は気持ちをリラックスさせる軽い音楽をバックグラウンドとして流すとよいでしょう．

(2)「ビジュアル・コネクション法」の進め方

手順1.　事前に準備しておくもの
　① 絵や写真を4枚（人物・風景・建造物・動物・乗り物など）．
　② ビジュアル・コネクションシート（メンバー分）（図4.12参照）．

手順2.　ビジュアル・コネクションシートをメンバーに配付する

手順3.　リーダーは準備した絵や写真の中から，最初の1枚を1～2分ほどメンバーに見せる
　① 見る人に不快感・嫌悪感を与える文字や写真は絶対に避けましょう．
　② 最初はリラックスのため風景などから始め，町並み，建造物，人，動物などの順番が効果的です．
　③ 遠景，近景，中間を適宜組み合わせるとよいでしょう．
　④ 興味を掻き立てるもの，ふだんお目にかかれないようなものがよいでしょう．

「方策の立案」に有効なツール

	絵や写真からの印象や感じたこと	テーマと連結したイメージ（アイデア）
写真1		
写真2		
写真3		
写真4		

問題（テーマ）：

作成者：

図 4.12　ビジュアル・コネクションシート

手順 4.　メンバーは見せられた絵や写真から，心に浮かんだ印象や連想をシートの写真1の印象・感じたことの欄に短い文章で3〜5件記入する（1枚について印象を5分程度で記入する）

① メンバーは，絵や写真そのものの発想ではなく，普段では思いつかないような別世界を空想しながら考えます．
② 絵や写真そのものの範囲にとどまってしまうことが多いので注意します．

手順 5.　同様に，2枚目〜4枚目の絵や写真を見て，メンバーはその印象を順次シートに記入する

手順 6.　リーダーはメンバー全員のすべてが終了したら，問題（テーマ）を発表する（メンバーはテーマ欄にテーマを記入する）

手順 7. メンバーはそれぞれの絵や写真を見ての印象や感じたことを一つひとつ，テーマと強制的に関連づけて（ヒント），それぞれ連結したイメージ欄にアイデアを記入する
① アイデア記入は絵や写真 1 枚につき 5 ～ 10 分程度かけます．
② 全体的に時間がかかるので，アイデア記入が終わったら 30 分休憩します．

手順 8. メンバーは，それぞれのアイデアを発表・紹介する

手順 9. すべてのアイデアについて評価し，絞り込む
① アイデア発想の目的・目標をメンバーで再確認します．
② 目的・目標に合った分類項目を選びます．
③ 抽出した分類項目の中からよいアイデアを選び出します．
④ 自分たちの持っている固有技術を評価の基準にしますが，「効果性」と「実現可能性」[注] などで評価します．ただし，新しいアイデアを求める時は，「独自・独創性」や「新規性」を加えます．

（注）課題達成型では，「実現可能性」で評価するのは「成功シナリオの追究」のステップに入ってからにしましょう．

─ ONE POINT ─

「ビジュアル・コネクション法」のワンポイント

① テーマの後出し ：はじめからテーマを与えていると，テーマに結び付けた発想ばかりで，突飛で面白いアイデアが出にくくなります．
② 絵や写真の選定 ：メンバーに不快感や嫌悪感を与えるものは NG．見せる順番も工夫しましょう．テーマを決めてから絵・写真を選ぶのも，写真が偏る恐れがあります．
③ 発想は枠の外 ：このツールのねらいは，異質の情報，かけ離れた情報から発想するトレーニングにもなります．

(3) 「ビジュアル・コネクション法」の活用事例（図 4.13 参照）

使用した写真は次の 4 枚です．

① 御殿場から望む残雪の富士山
② 韓流ブームの火付け役の映画女優
③ 荒れ地を進むアフリカ象の親子
④ A300 ジェット旅客機

問題（テーマ）：理屈っぽい上司を説得するためには

		絵や写真からの印象や感じたこと		テーマと連結したイメージ（アイデア）
写真 1（富士山）	①	葛飾北斎の絵	①	未来のビジョンを描き，その道筋を説明する
	②	大噴火	②	熱く・情熱的に説明し説得する
	③	霞と雲のかかる景色	③	見えにくい苦労した道のりを説明する
	④	空気が新鮮で美味しそう	④	優しく，きれいな言葉で説明する
	⑤	白く輝く山頂の雪	⑤	頭を冷やしてお互い冷静に話し合う
写真 2（韓流女優）	①	痩せていて鎖骨が目立っている	①	普段見せない自分を出す
	②	ヨン様	②	韓流スターだと言っておだてる
	③	晩婚だろう	③	職場のお局様を味方につけて説得する
	④	イアリングが大きくて重たそう	④	話したいこと，説明したいことにインパクトをつける
	⑤	美人・笑顔が素敵	⑤	美人の同僚に協力してもらう
写真 3（象の親子）	①	親子で食べ物を探している，水浴び	①	食事をしながら説明する
	②	密猟	②	2 人だけで場所を変えて密談する
	③	親子の深い愛情	③	雑談で心の距離を近づけ，情に訴える
	④	象牙の印鑑	④	良質なプレゼンテーションで承認印をもらう
	⑤	土煙がたって荒々しい	⑤	ワイルドな男は，"かっこいい"とほのめかす
写真 4（旅客機）	①	ハイジャック	①	緊急事態発生！と言って説得する
	②	満席の客室で混雑	②	座席予約と決断は早いほうが良いと言って説得
	③	機体が派手	③	カラフルなビジュアル資料で煙に巻く
	④	高速安定飛行	④	あせらずにじっくりと説明する
	⑤	機体の配色の趣味が悪い	⑤	ネクタイの趣味が良いと誉めてから説得する

作成者：松坂秀樹

図 4.13 「ビジュアル・コネクション法」の事例

4章

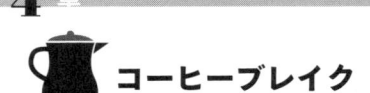

コーヒーブレイク

「言葉遊びで柔らか頭に挑戦しよう！」

われわれ日本人は，奈良・平安時代から今日まで，素晴らしい言葉の中で生きてきています．「万葉集」「××和歌集」などの五・七・五・七・七の五句体の短歌の世界をはじめ，五・七・五の世界で表わす俳句・川柳など歌(詩)として言葉をうまくもて遊び，言葉の持つ表現力を最大限活用して，言葉を一種のゲームとして楽しみ，現在も広く愛好されています．こんな「言葉遊び」は，歌とは別に言葉の持つ音の響きやリズムを楽しんだり，同音異義語を連想する面白さを楽しむものとして，子どもの遊びや駄洒落として一般的なものにもなっています．しりとりや謎かけ，回文や語呂合わせ，最近では芸能人による日本語に英語のフレーズを交じえた話法としてルー語などもテレビで見かけます．

小学生の学習の中でもコミュニケーションを深めるツールとして取り入れられはじめた「回文」を紹介しますので，「言葉遊び」として楽しみながら頭を柔らかくしてみませんか．

「回文」とは，どちらから読んでも同じ文（言葉）のことで，一字が一音を持つ日本語ならではの特色を活かした言葉遊びです．はじめから(通常通り)読んだ場合と終わりから(通常とは逆)読んだ場合とで文字や音節の出現する順番が変わらず，なおかつ，言語としてある程度意味が通じる文字列でなくてはなりません．

私たちが子どものころに，「磨かぬ鏡」＜みがかぬかがみ＞や「竹やぶ焼けた」＜たけやぶやけた＞，「逆さの逆さ」＜さかさのさかさ＞などは逆さ言葉などとして遊んでいましたが，これらも短い「回文」の一つです．もっとも古いと言われている回文は西暦1100年代の「奥義抄」(藤原清輔：平安末期の歌学書)の歌の中に見受けられるものとされていますし，インターネットなどでは日本語だけではなく，Akasakaなどのローマ字を使ったものや英語などにも多くみられていることが紹介されています．

【短い回文の例】
- 鯛焼いた＜たいやいた＞　　・胡桃とミルク＜くるみとみるく＞
- ダンスが済んだ＜だんすがすんだ＞　　・良く聞くよ＜よくきくよ＞

【名詞などの単語にもあるよ】
- 新聞紙＜しんぶんし＞　・南＜みなみ＞　・八百屋＜やおや＞
- 汽笛＜きてき＞　・奇蹟/軌跡＜きせき＞　・異性/威勢＜いせい＞

スイスやトマト，ママやパパなども仲間ですね．

【見た目で回文に見える漢字】
- 日曜日　・市川市　・市原市　・大阪大　・水道水　・体全体

こんな身近に見られる回文をヒントにして，グループの会合の中で言葉を探しながら頭のトレーニングに励んでみてはいかがでしょうか？　最近では「脳力トレーニング」の一つとして使用されたり，また，日本語で遊ぶ大人のドリルとしての「日本語能力トレーニング」なる書籍まで発売され，巷ではひそかに楽しまれているらしいですよ??

第 5 章

「成功シナリオの追究」に有効なツール

テーマの選定 → 攻め所の明確化と目標の設定 → 方策の立案 → **成功シナリオの追究** → 成功シナリオの実施〜標準化と管理の定着

5章

「成功シナリオの追究」のポイントとツール

　「成功シナリオ」とは，採用した方策案を組み合わせて，さまざまな状況も考慮し，確実に成功できるようにした脚本・道筋のようなものを指しています.

　「成功シナリオの追究」のステップで具体的に実施すべきことは，採用した方策案について，具体的な実施方法や手順を検討するとともに，実行に当たっての障害や副作用を予測し，それを取り除くことや予防策をあらかじめ考えておくことです．「成功シナリオの追究」のステップは，4つの実施手順に分かれています（表5.1参照）.

　この章では，「成功シナリオの追究」のステップ展開上のポイントを2つ紹介した後，シナリオ（実行具体策）の検討や，それを実行するに当たって予測される障害や副作用を取り除くための6つのツールを紹介します.

表5.1 「成功シナリオの追究」の実施手順と有効なツール

【実施手順】	【有効なツール】
1. シナリオの検討	ツール 5-1　PDPC法
2. 期待効果の予測	ツール 5-2　障害・副作用排除検討表
3. 障害・副作用の予測と排除	ツール 5-3　メリット・デメリット表
4. 成功シナリオの選定	ツール 5-4　FMEA
	ツール 5-5　品質表
	ツール 5-6　成功シナリオの追究ワークシート

(1) 「方策案から成功シナリオへの展開方法」のポイント

　方策案を具体的なシナリオにまとめるには2つの方法があります.
　① 複数の方策案を組み合わせて，具体化する方法
　② 方策案をさらにブレイクダウンして実行具体策にまとめあげる方法
　「方策の立案」のステップで採用した，いくつかの方策案（アイデア）を成功シナリオにまとめあげるには，まず方策案同士が「and」の関係（同時に実施すべきもの）にあるのか，「or」の関係（独立した関係で単独で実施すべきもの）

「成功シナリオの追究」に有効なツール

	2次手段	期待効果	採否	
QCサークル活動を活性化する	発表会の方式を改善する — 従来通りプロジェクターで発表する	○	○	or 独立した関係 単独で実施すべきもの 採用する方策それぞれの成功シナリオを作成する
	ポスターセッション方式で発表する	△	×	
	ネットで発表を「実況」放送する	○	○	
発表会を実施する — 日程を決める		○	○	and 同時に実施すべきもの 一つにまとめて成功シナリオを作成する
	会場を決める	○	○	
	発表者を決める	○	○	
	トップの承認を得る	○	○	

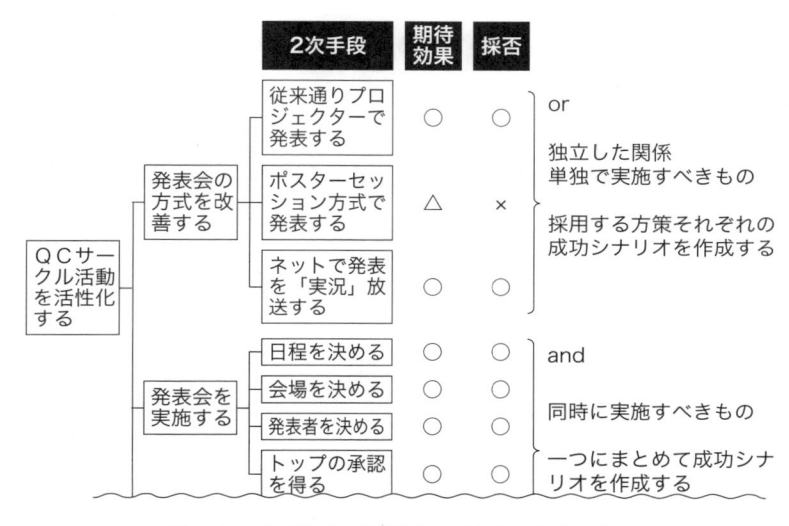

図 5.1　方策案から成功シナリオへのまとめ方

にあるのかを判断します．次に，「and」の関係にあるものは，実施順に並べるなどしてまとめ，「or」の関係にある方策については，さらにもう一段下位へとブレイクダウンして，実行具体策にまとめます（図 5.1 参照）．

(2) 「障害・副作用の予測と排除」のポイント

　成功シナリオをまとめる段階では，各成功シナリオ案の実施を妨げる障害や実施後ほかに与える副作用を予測し，それらを回避したり防止する方法を検討します．一般的に，期待効果の大きいシナリオ案や新規性の高いシナリオ案ほど大きな障害や副作用が予測されます．

　「障害・副作用の予測と排除」の検討の多くは机上で行われますが，机上で検討しただけでは判断できないことも数多くあります．その場合，現場・現物を確認したり，実際に実験や試行などによる検証が必要となります．

　どのように検討しても障害や副作用の排除が困難なシナリオは不採用にします．しかし，排除が困難と思われる場合であっても，「成功シナリオの追究」のステップを詳細に検討していく過程で，比較的容易に排除できる場合もあるので，簡単にシナリオから排除しないようにしましょう．

5章

ツール 5-1

PDPC法

(1) 「PDPC法」(Process Decision Program Chart：過程決定計画図)とは

「PDPC法」は新QC七つ道具の一つで，目的達成のための実行計画が，当初の予想通りに進むとは限らないと懸念される場合に，あらかじめそうした阻害事象(障害や副作用)を想定し，これに対処するための図的思考法です(図5.2参照)．

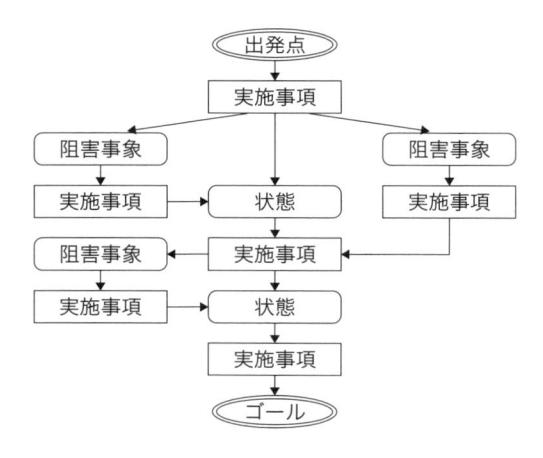

図5.2 「PDPC法」の概念図

「PDPC法」は，OR(オペレーションズ・リサーチ)^(注)の一手法で，元東京大学教授の近藤次郎先生が米国初の人工衛星であるアポロ計画にヒントを得て考案されたもので，その生まれは重大な事件や事故の防止にありましたが，最近では研究や技術開発，新規事業，営業の折衝などに広く活用されています．

(注) OR (Operations Research)：第二次世界大戦中に英国および米国で軍の作戦に対して，科学者の研究を中心として開発された数学的問題解決法．

「PDPC法」は「成功シナリオの追究」のステップで，系統図などから得られた期待効果の大きい方策の具体的シナリオの検討と，障害・副作用の予測と排除の検討に役立ちます．

(2) 「PDPC法」の作成手順

手順1. テーマを決める

方策を実現するための情報が不足しているとか，進めていく過程で試行錯誤が予測されるなど，テーマが「PDPC法」に適しているかどうかを吟味します．この場合，ツールに問題を当てはめるのではなく，問題にツールが適しているかの観点から選択します．

手順2. 出発点とゴールを明示する

方策の最初の状態を出発点として用紙の上端に置き，目的を達成した状態をゴールとしてカードに記入し，用紙の下端に置きます．出発点とゴールのカードは，2重線で囲み，はっきりわかるようにしておきます．カードの脇に出発点，ゴールと明記しておくのも一つの方法です．

手順3. 前提条件を明確にする

求められている品質や予算，納期，メンバーなど前提条件や制約事項を明確にしておきます．

手順4. 楽観（基本）ルートを想定する

出発点からゴールに至る中央のラインに，「この手順で実施すればうまくいきそうだ」という楽観的なルートを，対策□□□□□→状態□□□□□と想定し，矢線で繋ぎながら作成します．判断の結果によって実施事項が分かれる場合には◇を使って，Yesなら下側に，Noなら横へと進めます．

手順5. 悲観ルートを想定する

対策を実施するに当たって起こりそうな障害，実施後に発生しそうな副作用など悲観的な状況を予測して記入し，その回避策を検討して対策とし，基本ルートに戻します．最後に，全体的に矛盾はないかどうか確認するとともに，成功率の高いルートは赤線や太線で示しておきます．

（3） 図示記号の名称と意味

図5.3に「PDPC法」に用いる図示記号と意味を示します．主に用いる記号は，☐，◯と━━▶の3種類で，必要に応じて◇や┄┄▶を用います．

記号	名称	意味
☐	対策	その時にとるべき対策や方策を示す．
◯	状態	対策によって起こる状態，状況を示す．
◇	分岐点	状態が2通り以上に分かれることを示す．「Yes」と「No」を付ける．
━━▶	矢線	時間の経過・事態の進行を示す（時間の長さを表わすものではない）．
┄┄▶	点矢線	ある状態から次の状態へ移行するのに時間を必要としない場合や，相手の対応に関係がない場合で，単に順序を示す．

図5.3 図示記号の名称と意味

ONE POINT

◆障害や副作用を想定する段階で，悲観的な状況を考えればきりがなく，未知の部分も多いので緻密に描写してもあまり意味がありません．カードの総数は多くても30～40枚程度にしましょう．
◆出発点から作成していくのが一般的ですが，行き詰まったらゴールのほうから作成してもかまいません．
◆作成後，内容に矛盾はないか，重要なカードが抜けていないかなど，確認が大切です．

（4） 「PDPC法」の活用事例

図5.4は，QCサークル活動での活用事例です．「売上げ単価上昇」をゴールに，「新商品の仕入れ」と「パンフレット配布」という2つの方策について，具体的な手順を明確にし，起こり得る障害や他部門への影響などを排除するために「PDPC法」で手順書を作成しました．ゴールに至るまでのさまざまな状

「成功シナリオの追究」に有効なツール

況を想定して成功シナリオを描き，その時々の対応を明確にしています．

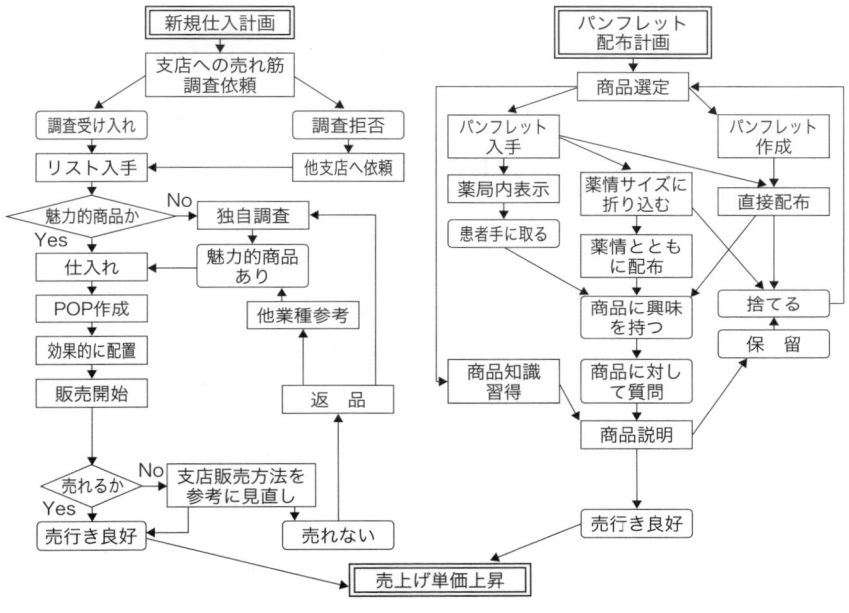

図5.4 「PDPC法」を活用した実行具体策の例

(出典：㈱望星薬局「綾香3ヶ月サークル」，『QCサークル』誌2008年8月号　体験事例1，日本科学技術連盟を一部修正)

ONE POINT

◆重要カードを特定し秘策を練る

　ある対策カードから，「発生すると取り返しのつかない悲観的な状況が予測される」場合，悲観的状況が発生した後になってから回避策をとるのは得策といえません．このような場合，この対策カードを赤線や太線で囲み重要カードに位置づけて，最悪な状況に向かわないよう事前防止策を徹底的に検討しておくことが大切です．

◆おおまかな日程計画を入れる

　PDPCフローは時間の経過を示しています．営業や研究テーマなど，目標や納期がある場合には，PDPCのフローに沿って時間軸を設け，大まかな日程計画を記入しておけば，活動計画としても併用できます．

ツール 5-2

障害・副作用排除検討表

(1)「障害・副作用排除検討表」とは

「障害・副作用排除検討表」は，成功シナリオの実施に伴う実施上の障害，実施によって発生するほかへの副作用を事前に予測し，それを排除するためのツールです．

表 5.2 は，「障害・副作用排除検討表」の活用例です．課題達成型においては，方策立案のステップまでの評価は期待効果のみで行いますが，この「成功シナリオの追究」のステップで初めて実現性を評価することになります．この「障害・副作用排除検討表」は，実現性を経費，工数，技術力，期間の4項目で評価しています．

表 5.2 「障害・副作用排除検討表」の活用例

シナリオ		1. 混合比センサーを活用する	実 現 性				排除の可能性
区分	内容	障害・副作用を排除するアイデア	経費	工数	技術力	期間	
障害	センサー耐熱上限 850℃	排気管よりパイプでガスを出す	○	○	○	○	可
	各気筒分の計測システム確保	手持ちの計測器を活用する	○	○	○	○	可
		他部署の計測器を長期間借用	○	○	○	△	
副作用	パイプによるガス流量低下	ガス流量低下を許容内にできるパイプ径を選定する	○	○	○	○	可
	計測システムの占有使用	他部署から借用	○	△	○	△	可
		遊休品の活用	○	△	○	○	
総合評価	耐熱上限，流量低下とも排除の可能性あり 占有は他部署との調整が大変だが排除の可能性あり		判定	シナリオの採用 ~~不採用~~			

(出典：QC サークル関東支部神奈川地区主催，第 3940 回 QC サークル大会，日産自動車㈱「COOLS サークル」発表資料から)

(2) 「障害・副作用排除検討表」の作成手順

手順1. 障害・副作用を予測する

シナリオごとに，実施するうえでの障害や，実施の結果考えられる副作用の状態を予測しリストアップします．障害・副作用の洗い出しには「ブレーン・ストーミング法」（ツール 4-1 参照）が有効です．

手順2. 障害・副作用の排除のアイデアを出す

障害・副作用ごとに排除するためのアイデアを検討します．ここでも「ブレーン・ストーミング法」が有効です．

手順3. 実現性を評価する

障害・副作用排除のためのアイデアを，実現性（経費，工数，技術力，期間など）で評価し，その結果から障害・副作用の排除の可能性を判定します．実現性の評価は，〇△×などで行うとわかりやすいでしょう．

手順4. 総合評価をする

障害・副作用の事前検討から排除のためのアイデア出し，その実現性評価までの一連の過程を整理し，総合評価し，シナリオの採否を決めます．総合評価覧には，評価のまとめを簡潔な文章で書き留めておきます．

(3) 「障害・副作用排除検討表」の活用事例

表 5.3 は，QC サークル活動における「障害・副作用排除検討表」の活用例です．実現性の評価項目を設定していませんが，わかりやすく参考になる事例です．

なお，この事例では予想される障害のみの検討欄になっていますが，実際には別に副作用も検討されています．一般的な検討表の様式としては表 5.2 のように，「障害」と「副作用」の両方を検討可能にしておくほうがよいでしょう．

表 5.3 「障害・副作用排除検討表」の活用例

最終組立治工具のカード位置決め精度とネジ位置精度を上げる

方策案	実行案	予想される障害	障害の除去	除去判断	採否
置き台で精度向上	置き台の位置精度を上げ，プロテクター位置精度を上げる	装置形状からプロテクターの位置精度が出るか	基準を装置以外に設ける	可	採用
プロテクター位置を補正					
プロテクターで誘導する	プロテクターのネジ穴をすり鉢状にして誘導	1.8型のネジでも同じ効果が得られるか？	すり鉢サイズを1.8型に変更	可	採用

アダプター脱着方法の治工具化

方策案	実行案	予想される障害	障害の除去	除去判断	採否
機械治具の作成	基準位置にセットし，機械的に脱着する	着脱機構の違いをカバーできるか	取付け取外し2種類作成	可	採用

(出典：㈱日立グローバルストレージテクノロジーズ「25TEST サークル」，『QC サークル』誌 2009 年 3 月号　体験事例 1, 日本科学技術連盟)

ツール 5-3
メリット・デメリット表

(1) 「メリット・デメリット表（M／DM表：功罪表）」とは

　「メリット・デメリット表」とは，方策の良い点（メリット）と悪い点（デメリット）を追究し，両者を対比して表の形にしたもので，「功罪表」とも呼ばれます．

　「メリット・デメリット表」は，従来からいろいろな政策を比較して評価や分析を行う，意思決定ツールとして企業・組織で活用されてきました．このことから「メリット・デメリット表」は，製造現場や技術部門といった，限られた部門で活用されるツールではなく，企業や組織のあらゆる職場で有効なツールといえるでしょう．

　「成功シナリオの追究」のステップでは，期待効果の予測と，障害や副作用を予測し排除するツールとして有効です．方策案のメリットは，定性的な期待効果として取り上げ，デメリットの中に，障害や副作用に相当するものがあれば，十分検討して未然防止策に役立てます．

　なお，「メリット・デメリット表」では，主として言語データを用いるため，定性的予測になることが多くなります．言語データだけで判断するのは不適と考えられる場合には，実際に調査したり，実験や試行によって確かめることが必要となります．

(2) 「メリット・デメリット表」の作成手順

手順1．メリットとデメリットを書き出す

　「方策の立案」のステップで採用した期待効果の大きい方策について，たとえば，メリット「省力化ができる」，デメリット「自動化予算が増大する」というように，メリットとデメリットを検討して書き出し箇条書きにします．

　メリットとデメリットは，1人でも検討できますが，関係者やQCサークルなどで議論して洗い出すほうがたくさん書き出せて，抜け落ちも少なくなりま

す．

洗い出しには，「ブレーン・ストーミング法」の活用が有効です．

手順2. 出てきた意見を層別する

出された意見をメリットとデメリットに層別します．

手順3. 立場が異なる場合には立場ごとに層別する

方策のメリットとデメリットが立場によって異なる場合には，メリットとデメリットを立場ごとに層別します．双方の関係者が出席している場合，それぞれに「メリット・デメリット表」を作成できれば，意見の違いがより明瞭になります．

手順4. 意見を評価する

必要により，書き出したメリットとデメリットを◎○△などの3段階や5段階で評価します．

(3) 「メリット・デメリット表」の活用事例

表5.4は，新規得意先開拓という方策について検討した「層別メリット・デメリット表」です．「自社」とお客様である「得意先」の2つに層別しています．

このように，立場によって利害が異なる場合には，層別して「メリット・デメリット表」を作成すると，それぞれの意見の違いが浮き彫りになります．

図5.5は，QCサークル活動で活用した事例です．「刻印作業自動化（NCロボット化）」のメリット・デメリットを検討し，さらにデメリット排除のための対策案を検討していて，大変参考になります．

「成功シナリオの追究」に有効なツール

表5.4 「新規得意先開拓」の「層別メリット・デメリット表」

立場	メリット	デメリット
自社	売上げが増大する 関連市場が開拓できる 販売情報量が増加する 量産によるコストが減少する	開発費が増加する 開発工数が増加する 事務費が増加する 競合他社との関係が悪化する
得意先	利便性が増加する 納期が短縮する 2社購買の有利さがある	事務量が増加する コンピュータ容量が増加する 管理が煩雑になる

(出典：狩野紀昭 監修，新田 充編『QC サークルのための課題達成型 QC ストーリー 改訂第3版』，日科技連出版社，1999年)

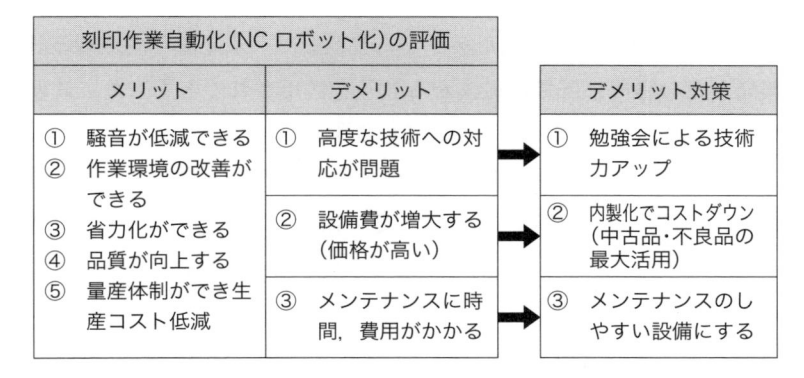

刻印作業自動化(NC ロボット化)の評価		デメリット対策
メリット	デメリット	
① 騒音が低減できる ② 作業環境の改善ができる ③ 省力化ができる ④ 品質が向上する ⑤ 量産体制ができ生産コスト低減	① 高度な技術への対応が問題	① 勉強会による技術力アップ
	② 設備費が増大する（価格が高い）	② 内製化でコストダウン（中古品・不良品の最大活用）
	③ メンテナンスに時間，費用がかかる	③ メンテナンスのしやすい設備にする

図5.5 「刻印作業自動化(NC ロボット化)」のメリット・デメリットとその対策

(出典：QC サークル北海道支部主催，第3139回 QC サークル大会，いすゞ自動車㈱「ドリーマーサークル」発表資料から)

135

ツール 5-4

FMEA

(1) 「FMEA」(Failure Mode and Effects Analysis：故障モード影響解析) とは

「FMEA」は，システムや製品が起こす潜在的な故障モードを予測し，その影響を評価して，事前に対策処置するためのツールです．ここでいう故障モードとは，発生する故障の状態，故障の現象のことをいいます．

「FMEA」は，自動車，家電，電力設備，建設工事，通信システムなど，あらゆる産業で，未然防止のツールとして広く活用されています．最近では，医療事故の防止などにも活用されています．

「FMEA」は，とくに技術的なテーマに有効なツールであり，企業の研究や技術開発などの専門部署では従来から数多く活用されてきました．最近ではQCサークル活動においても活用されています．

「FMEA」には，「設計のFMEA」と「工程のFMEA」の2つがあります．

表5.5にFMEAワークシートの例とその内容を示します．FMEAワークシートの様式は，一律に決められているものではなく，企業のニーズによって独自のものを使用しています．

(2) 「FMEA」の作成手順

表5.5のワークシートの例に基づいて，具体的な活用手順を解説します．

手順1. 対象システムを理解する

まず最初に，チーム全員が解析対象のシステムをよく理解し共有化します．製品「FMEA」の場合には製品の図面を，プロセス「FMEA」の場合には作業の詳細なフローチャートを準備し，これらを用いて製品またはプロセスを把握します．このとき現場・現物に基づいて確認することが大切です．理解した結果をワークシート左端の「部品または工程名」と「部品または工程の機能」欄に記入します．

「成功シナリオの追究」に有効なツール

表5.5　FMEAワークシートの例と記載内容

```
プロセス／製品：＿＿＿＿＿＿　　　　FMEA番号＿＿＿＿＿＿
　FMEAチーム：＿＿＿＿＿＿　　FMEA日付（初版）＿＿＿＿＿＿
　チームリーダー：＿＿＿＿＿＿　　　　　（改訂）＿＿＿＿＿＿
　　　　　　　　　　　　　　　　　　　　　　　　頁＿＿＿＿＿＿
```

FMEAのプロセス								処置結果			
部品または工程名	部品または工程の機能	潜在的故障モード	故障の影響	潜在的故障原因	厳しさ	発生頻度	検出可能性	リスク優先数	とられた処置	厳しさ	発生頻度	検出可能性	リスク優先数
部品または工程の名称を記入する	部品または工程の目的・機能を明確にする	起き得る故障モード（断線，折損など）をブレーン・ストーミング法によりリストアップする	各故障モードの潜在的影響を書き上げる	故障モードの潜在的発生原因を究明し記入する	決められた評価基準により評価する				リスクの高い故障モードについて対策を検討し処置する	処置後のリスクを再評価する			
リスク優先数合計									処置結果リスク優先数			

リスク優先数＝厳しさ×発生頻度×検出可能性

手順2．潜在的故障モードをリストアップする

　製品の品質または製造プロセスに影響を与える可能性のある潜在的故障モードをリストアップし，体系化します．体系化できたらワークシートの潜在的故障モード欄に記入します．

手順3．各故障モードの潜在的影響をリストアップする

　ワークシートに記入した潜在的故障モードについて，故障が発生した場合にどうなるかをリストアップします．

手順4．潜在的発生原因を究明する

　潜在的故障モードについて，「なぜ故障するのか」その潜在的発生原因を究明します．潜在的発生原因の究明には，FTA[注]の活用が有効です．

　　（注）　FTA（Fault Tree Analysis）：故障の木解析と呼ばれ，システムに発生する重大な故障がどのような原因によって発生するかを理論的に分解し，細分化して，最終的には一つひとつの部品の故障原因まで掘り下げていくトップダウンの手法．

手順5．各故障モードの厳しさ（影響度）を評価する

　故障が発生した場合にシステムや人にどの程度の影響を与えるかを，厳しさ（影響度）といいます．ここでは，もし特定の故障が発生した場合に，その及ぼ

す影響がどれほど重大かについて，たとえば，表5.6「評価基準表」[注]中の厳しさ（影響度）基準を使って評価します．

（注）評価基準表は対象システムごとに作成することが基本です．

手順6. 各故障モードの発生頻度を評価する

発生頻度とは，故障が起こりそうな程度のことをいいます．発生頻度評価を行うには，プロセスから得られる実際のデータを使って行うのが最良です．この作業は，表5.6「評価基準表」中の発生頻度基準を使って評価します．

手順7. 各故障モードの検出可能性を評価する

故障または故障の影響をどの程度検出できるかを，検出可能性評価といい，「評価基準表」中の検出可能性基準を使って評価します．

手順8. 各影響のリスク優先数（RPN）を算出する

リスク優先数（RPN：Risk Priority Number）は，各項目ごとに次の数式で求めます．

$$リスク優先数 = 厳しさ \times 発生頻度 \times 検出可能性$$

リスク優先数の合計は，各々のリスク優先数を加えて求めます．

手順9. 故障モードの優先順位づけを行う

故障モードの優先順位は，リスク優先数の大きさでランクづけして決定しま

表5.6 評価基準表の例

レベル	厳しさ（影響度）	発生頻度	検出可能性
10	致命的：人身／物損事故	発生頻度が非常に高い	ほとんど検出不可能
8	重大：製品の機能停止	発生頻度が高い	検出できないことが多い
6	機能低下	故障の可能性がある	たまに検出できないことがある
4	軽微：わずかな機能変化	少ないが起こり得る	多くの場合，検出できる
2	極小：ほとんど無影響	故障はほとんど起こらない	ほとんど確実に検出できる

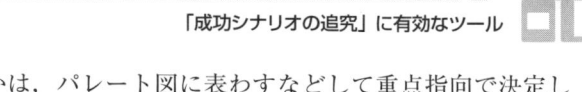

す．どの項目を検討するかは，パレート図に表わすなどして重点指向で決定します（図5.6 左参照）．

手順10．リスクの高い故障モードに処置する

QCストーリーなど，問題解決の手順を活用して，リスクの高い故障モードの解消または減少対策を検討し，処置します．

手順11．故障モード処置後のリスク優先数を算定する

製品またはプロセスの改善処置を行ったら，厳しさ，発生頻度および検出可能性について，再度評価を行ってリスク優先数を算出します．リスク優先数をパレート図で処置前後を比較すれば，効果が一目瞭然になります（図5.6 参照）．

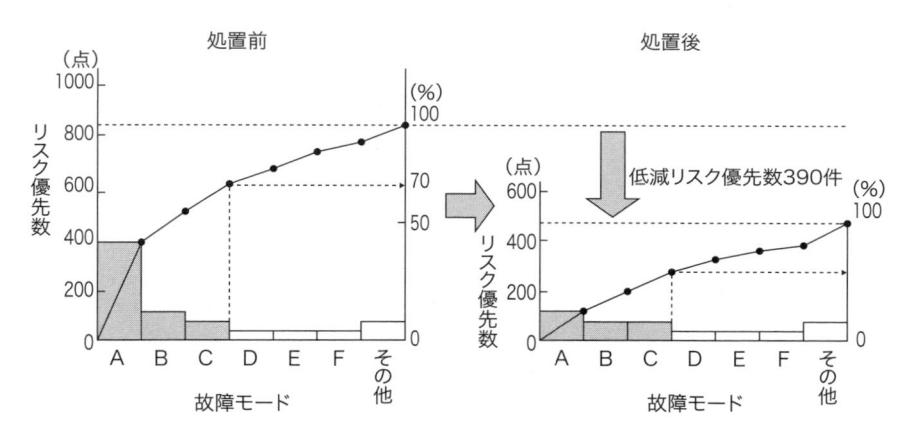

図 5.6　リスク優先数パレート図

（3）「FMEA」の活用事例

図5.7 は，QCサークル活動における「FMEA」の活用例です．課題達成型の「テーマの選定」のステップで，「FMEA」を実施して工程改善の必要性を確認し，取り組む必要性を明確にしています．さらに，改善後に再度実施して効果を確認しています．「FMEA」は，「成功シナリオの追究」の場面だけでなく，「テーマの選定」「攻め所の明確化」「目標の設定」「成功シナリオの実施」のステップなどでも活用できます．

NO	工程名 ・各工程	工程の機能 ・解析する不良項目	不良モード ・予想される不具合, 過去にあった不具合	不良の影響 ・後工程,完成車に 与える影響	評価点 影響度	評価点 発生度	評価点 検出度	評価点 重要度	対策内容 ・再発防止策
1	外観目視	欠肉	黒皮残り	加工不良	3	1	1	3	目視作業の強化
		型ズレ	加工マシン破損	1	1	1	1	目視作業の強化
4	磁気探傷 1工程	割れ	車両組立に流出	市場クレーム	9	1	3	27	磁気探傷2工程保証
		マクレ込み	剝離による欠肉	加工不良	1	1	3	3	磁気探傷2工程保証
		疵	剝離による欠肉	加工不良	1	1	3	3	磁気探傷2工程保証
5	磁気探傷 2工程	割れ	車両組立に流出	市場クレーム	9	1	1	9	磁気探傷2工程保証
		マクレ込み	剝離による欠肉	加工不良	1	1	1	1	磁気探傷2工程保証
		疵	剝離による欠肉	加工不良	1	1	1	1	磁気探傷2工程保証

1工程だけではすべての検出ができず,不具合流出危険指数が高い！

2工程は1工程で検出できない部位を検出！

FMEA評価基準

影響度		発生度		検出度		重要度
評価	評価基準	評価	評価基準	評価	評価基準	評価基準
10～9	人身,物損事故につながる致命的欠陥	5	不良率 3.1%以上	5	ディーラー,顧客に渡り市場クレームになる	（重大不具合 危険指数）
8～7	走行不能,車両故障につながる重大欠陥	4	不良率 2.1～3.0%	4	出荷までに発見される	影響度 × 発生度 × 検出度＝重要度
6～5	機能低下を招くような中程度の故障	3	不良率 1.1～2.0%	3	車両に組み付くまでに発見される	
4～3	外観機能を低下させるような軽微な故障	2	不良率 0.6～1.0%	2	そのライン内で発見される	
2～1	顧客が気づかないような軽微な故障	1	不良率 0.5%以下	1	その工程で発見される	

図 5.7 仕上げ作業の FMEA 工程評価と FMEA 評価基準

（出典：日産自動車㈱「わかくさサークル」,『QC サークル』誌 2008 年 4 月号 体験事例 3,日本科学技術連盟）

ツール 5-5

品 質 表

(1) 「品質表」(Quality table)とは

　「品質表」とは，ユーザーの要求する品質を言語表現によって体系化し，これと品質特性との関連を表示し，ユーザーの要求を代用特性に変換し，品質設計を行っていくための表のことをいいます．

　表5.7は，基本的な「品質表」の例です．顧客の要求品質(この表では「明るく良く見える」)を1次，2次，3次と展開し，次に同様に展開した品質要素(品質特性)との交点で対応の強さを評価して，品質企画に役立てます．

表5.7 「品質表」の典型的な例(ヘッドランプの場合)

要求品質 1次	2次	3次	品質特性(代用特性) 配光 配光値			光束					寿命 効率			…	安全性 冗長度	追従角度
			配光値	レンズの大きさ	切替角度	基準角度	光源輝度	透過率	反射率	色温度	電力	電圧	気密性	強度フィラメント	封入ガス特性	…		
明るく良く見える	遠くまで良く見える	ランプが明るい	○	○	△		○	◎	◎	○	◎	○						
		明るさの広がり	◎		△		△	△	△		△							
		光の方向が正しい			△	◎												◎
		光が散らない	◎															
	近くが良く見える	Downでも明るい	○		◎	△	△	◎	◎	○	◎	○						
		明るさの広がり	◎	○	△		△	△	△		△							◎
		光の方向が正しい	◎															
	特殊条件でも良く見える	悪天候でも見える	○		△													
		ハンドルと連動																
		バウンド時も見える																
		空積で光の方向不変																
特性値			JIS配光要求値	160φ	±4°(上下左右)	1°	7.5cd/mm²	0.9以上	0.9以上	3000°K	37.5/50W	12.8V	0.2気圧	SAE%インパクト	Ar80% N20%	…	…	…

(出典：赤尾洋二 編 『品質展開活用の実際』，日本規格協会，1988年)

　「品質表」には，要求品質展開表と品質特性展開表との2元表だけを指す場合と，これに企画品質設定表，設計品質設定表などを加えたものを指す場合が

ありますが，ここでは前者の狭義の「品質表」について紹介します．

課題達成における「品質表」の活用に際しては，次の3つのステップで活用することが考えられます．

① 「攻め所の明確化と目標の設定」のステップで，要求品質展開と品質企画から要望レベル（ありたい姿）を把握し攻め所の決定をする．

② 「方策の立案」のステップで採用した方策案（アイデア）を「品質表」に展開し，要求品質展開と品質要素展開から方策案を絞り込む．

③ 「成功シナリオの追究」のステップで，選定した方策案を「品質表」に展開し，実行具体策を得る．

(2) 「品質表」の作成手順

「品質表」の作成手順を双葉電子工業製のラジコンシステムの例で説明します．

手順1. 要求品質展開を作成する

① 要求品質のデータを収集する

アンケート調査やクレーム，要望などから情報を収集します．これを原始情報と呼びます．これらを簡潔な表現の言語情報に変換し，1件1葉でカードに記入したものが3次の要求品質となります（表5.8参照）．

表5.8 原始情報から言語情報への変換

原始情報	言語情報
・スナップロールボタンがもう1つ以上ほしい	・楽に操作ができる ・難しいことができる
・送信機側にニュートラル調整をつけてほしい	・動作が安定している ・複雑な操作ができる

（出典：赤尾洋二 編 『品質展開活用の実際』，日本規格協会，1988年，一部改変）

② 集めた言語情報をグルーピングする

類似した言語情報を集めて，そのグループを代表する言語を定めてカードに記入します．このカードを親和カードと呼び，2次の要求品質とします．さらに，その親和カード同士について同じ要領で再度作業し，親和カードを作ったものが，1次の要求品質となります．品質表作成の場

合，一般的にこのようにグルーピング作業を 3 回繰り返します．

③ 親和図を作成する

すべてのカードを広げて，各グループを枠線で囲み親和図を作成します（図 5.8 参照）．1 次要求品質項目を明らかにし，不足している項目があれば適宜追加しながら再整理します．

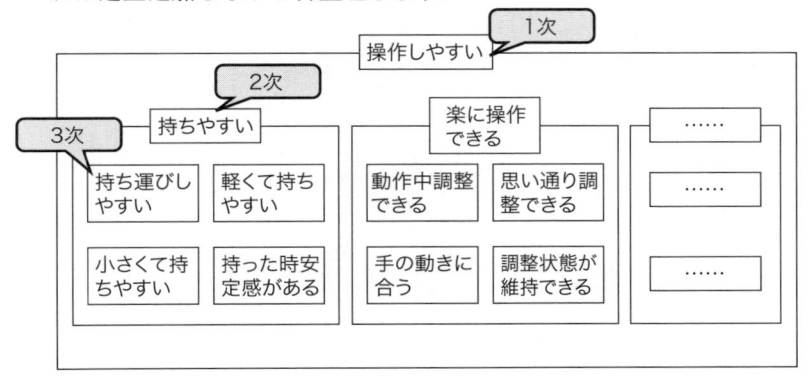

図 5.8 言語情報の親和図的グルーピングの例

ONE POINT

カードグルーピングのポイント

◆一般的に，最初に抽出された要求品質のレベルを 3 次のレベルとして親和図を作成します．しかし，実際には言語の抽象のレベルが明確に規定されているわけではないので，最初に抽象レベルの高い要求品質のカードが作成されることも多くあります．親和図を作成する時には，この言語の抽象のレベルを調整して階層化することが 1 つのポイントになります（図 5.9 参照）．

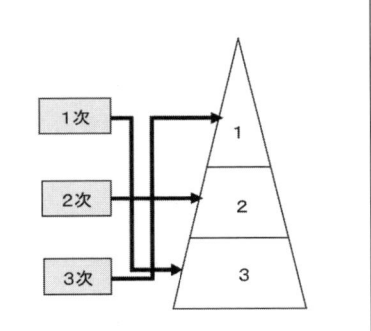

図 5.9 言語の抽象レベルと階層化

④ 要求品質展開表欄を完成する

親和図ができ上がったら，分類番号をつけ，表の形にまとめて要求品質展開表とします（表 5.9 縦軸参照）．

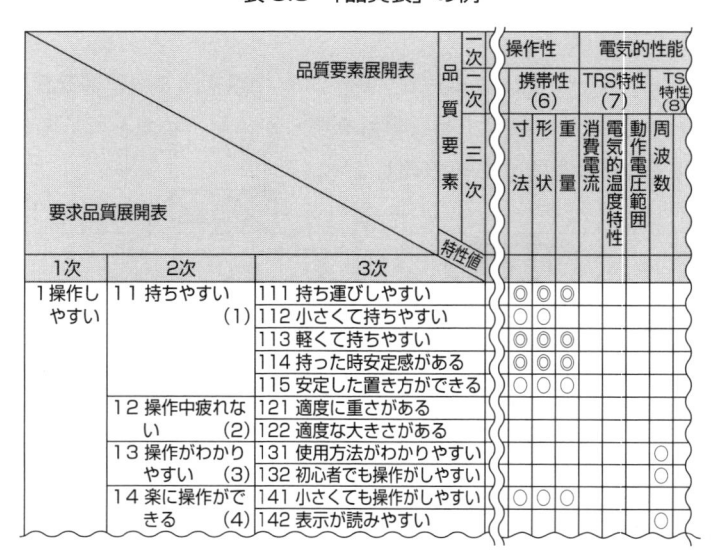

表 5.9 「品質表」の例

要求品質展開表			品質要素			操作性			電気的性能			
						携帯性(6)			TRS特性(7)			TS特性(8)
			一次	二次	三次	寸法	形状	重量	消費電流	電気的温度特性	動作電圧範囲	周波数
					特性値							
1次	2次	3次										
1 操作しやすい	11 持ちやすい (1)	111 持ち運びしやすい				◎	◎	◎				
		112 小さくて持ちやすい				◎	○					
		113 軽くて持ちやすい				◎	○	◎				
		114 持った時安定感がある				◎	◎	○				
		115 安定した置き方ができる				○	◎	○				
	12 操作中疲れない (2)	121 適度に重さがある						◎				
		122 適度な大きさがある				◎						
	13 操作がわかりやすい (3)	131 使用方法がわかりやすい										○
		132 初心者でも操作がしやすい										○
	14 楽に操作ができる (4)	141 小さくても操作がしやすい				◎	◎	◎				
		142 表示が読みやすい										○

(出典：赤尾洋二 編『品質展開活用の実際』，日本規格協会，1988 年)

手順 2. 品質要素（品質特性）展開表を作成する

① 品質要素は，品質要求の各項目ごとに対応させて選定します．また，テーマ（対象）に通常用いられる品質要素（品質特性）も集め，3次の品質要素とします．

② 次に，集めた品質要素を親和図でグルーピングしたものを2次の品質要素とし，これらをさらにグルーピングして1次の品質要素を明確にします．作業中不足している項目があれば追加しながら調整し，表の形にまとめて「品質要素展開表」とします（表 5.9 横軸参照）．

手順 3. 「品質表」を作成する （表 5.9 参照）

① 作成した要求品質展開表と品質要素展開表をL型マトリックス（2元表）として結合させます．

② 対応しているそれぞれの対応の強さを◎，○，△で評価し，行（横）と，列（縦）の交点に記載していきます．

　　　　　　◎：強い関連あり　　○：対応している　　△：弱い関連あり

「品質表」ができたら，対象とする製品やシステムについて機構展開やサブシステム展開を行い，具体的な品質設計に繋げていきます．

(3) 「品質表」の活用事例

図5.10は，QCサークル活動で活用した事例です．「地球温暖化実験装置を改良する」という方策に対し，「成功シナリオの追究」のステップで「品質表」を活用しました．この事例では，効果が高く容易な方策を得るための「ペイオフマトリックス」を活用して改善案を絞り込み，それを「品質表」に展開し，改善システムの「仕様目標」を決めています．

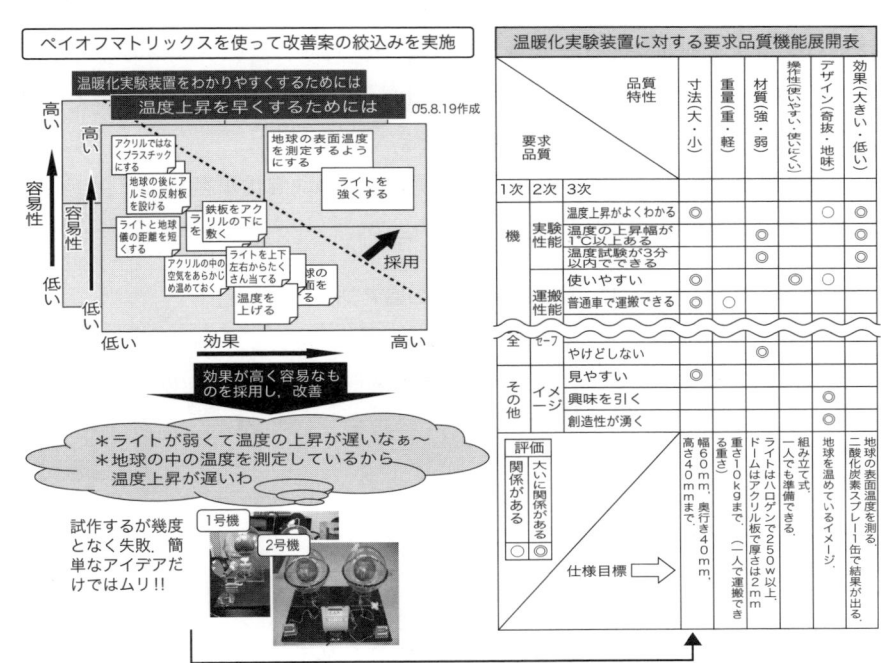

図5.10 「ペイオフマトリックス」からの「品質表」作成の例

(出典：QCサークル本部主催，第4970回QCサークル大会，関西電力㈱「火のくるまサークル」発表資料から)

5章

ツール 5-6
成功シナリオの追究ワークシート

(1)「成功シナリオの追究ワークシート」とは

　「成功シナリオの追究ワークシート」(表5.10参照)は,「成功シナリオの追究」ステップ全体を一覧的に検討可能にするためのワークシートです.この表には,「成功シナリオの追究」で検討すべき項目がすべて網羅されています.身近なテーマや比較的やさしいテーマの場合には,このワークシート上に展開し,直接検討することが可能です.大きなテーマや難易度の高いテーマの場合には,「成功シナリオの追究」のステップで得られた検討結果をこのシートにまとめることで,ステップの全貌を把握することができます.

　検討結果を一覧表にまとめることで,検討内容の共有化が容易になり,上司をはじめ関係者への説得力も高まります.

表5.10 「成功シナリオの追究ワークシート」

方策	具体的なシナリオ案	期待効果の予測値	経営資源	期待効果(利害得失)	予測される障害・副作用	予測される障害・副作用の回避	評価	採否
方策1								
方策2								

(2)「成功シナリオの追究ワークシート」の作成手順

手順1. 成功シナリオ案の検討

　「方策の立案」で採用した方策案について,具体的なシナリオ案を検討します.方策案を具体的シナリオにまとめる手順については,この章の最初に述べた「成功シナリオの追究のポイントとツール」を再確認してください.なお,実行具体策をまとめる場合には,「何を」「どうする」だけでなく,「誰が」「い

つまでに」など，5W1H の観点からシナリオをまとめていくと，より具体的な成功シナリオ案ができ上がります．

手順 2. 期待効果を予測する

それぞれのシナリオ案ごとに期待効果を予測します．期待効果は，できるだけ数値で把握します．

手順 3. 経営資源を予測する

成功シナリオ案の実現に費やされる経営資源（人・もの・費用など）を予測し期待効果の予測値から差し引いた，実質的な期待効果（利害得失）を明確にします．たとえば，営業のテーマの場合，ある成功シナリオ案を実施すると 100 万円の利益が期待されるが，広告宣伝費に 50 万円が見込まれる場合，実質的な期待効果（利害得失）は差額の 50 万円ということになります．

手順 4. 障害・副作用を予測し回避策を検討する

ブレーン・ストーミングなどにより，実施上の障害と実施後の副作用（リスク）を予測し，その回避策を検討します．このステップでは，必要により「PDPC 法」「障害・副作用排除検討表」「メリット・デメリット表」などを併用します．

手順 5. シナリオ案を決定する

期待効果や障害・副作用が回避可能か否かなど，総合的に評価し，シナリオ案の採否を決定します．このとき，採用した成功シナリオの利害得失の期待効果を合計して，目標が達成可能かどうかを確認しておきます．目標が未達成となる時には，採用しなかったシナリオを再検討します．

(3) 「成功シナリオの追究ワークシート」の活用事例

表5.11は，「QCサークルチャンピオン大会の動員数を30%向上する」というテーマの中で，「成功シナリオの追究ワークシート」を活用した事例です．この事例のように期待効果が言語データでしか表わせないものがある場合，期待効果（利害得失）の表現は若干の工夫が必要になります．また，この事例の場合，評価を優先順位で行っていますが，前述した手順のように総合的に評価して採否を決定した後に，優先順位をつけるとよいでしょう．

5章

表 5.11 テーマ「QC サークルチャンピオン大会の動員数を 30％ 向上する」の「成功シナリオの追究ワークシート」活用例

方策	具体的なシナリオ案	期待効果の予測値	経営資源	期待効果（利害得失）	予測される障害・悪影響	障害・悪影響の回避策	方策実施の優先順位
ホームページにチャンピオン大会の DM を載せる（安藤）	DM ができ次第，安藤が責任を持って載せる	3 名（50 名×0.05）	PC 入力の労力	新たな顧客の参加（3名）	思ったほど見てもらえない	DM に HP のアドレスを載せる（今後すべての行事を HP に紹介し DM に載せる）	2
DM にアンケート結果や参加企業名を載せる	1) 昨年のアンケート結果をグラフにする 2) 昨年の参加企業名を載せる 3) 大会事務局が実施する（村崎幹事） 4) 各幹事はトップに見せる	興味を持つ企業が増える 20 名増員	DM 改訂の労力	自社の遅れに気づき派遣を始める企業が増える（20 名）	DM のスペースが確保できない	リーダー養成研修の DM をまねる	2
講演者のプロフィールを載せる	プロフィールを写真付きで目立つように載せる	多くの人が興味を持ち参加したくなる（知名度に比例：20 名）	講演料 20 万円	講演料をペイするのは困難（知名度に比例：20 名）	講演者の急な事情でキャンセルになる	候補者をたくさんあげる	2
漫画チックな DM にする	写真，グラフ，図を考慮した DM とする	見る人（各社事務局）が興味を持つ	大会事務局の労力（少し）	大会をアピールできる	DM のスペースがない	できる範囲で努力する	3
	地図は（下から上に）千葉駅（および本千葉駅）を出て，会場に向かう方向で，書く	会場までの道順がわかりやすくなる	事務局の労力	参加者に優しい DM ができる（迷う人は減る）	なし	なし	3

コーヒーブレイク

「第1次南極越冬隊に学ぼう！」

　1957年2月15日から1年間，南極の昭和基地で西堀榮三郎隊長他11名によって行われた第1次南極越冬隊．多大な国費を使っての事業でしたが，国民の圧倒的な支持の中で，1名の犠牲者もなく大きな成果をあげました．

　西堀先生は，幼いころからいつの日か南極にいってみたいという夢がありました．その最初のきっかけは，兄に連れていってもらった日本人初の南極探検家白瀬中尉の講演に感動したことです．この夢の実現のために若いころから，南極に関するたくさんの本を読み，アメリカに行った時には，南極経験者に会って話を聞き資料を集めたそうです．

　第1次南極越冬隊の準備段階では，多くの人に極地での生活や業務関連で準備すべきことを聞き出し，得られたたくさんの情報を，親和図法を使って整理したそうです．こうして，「日本の越冬隊ほど完璧な準備ができた国はないと信じている」といえるほどの自負心を持って，南極に向かいました．

　それでも第1次南極越冬隊は数々の苦難に遭遇します．南氷洋に到着した宗谷はさっそく厚い氷に阻まれ，東オングル島に接岸するのに10日を要しました．荷下しが始まると，氷上に置いた荷物が氷とともに洋上に流れ出し回収不可能に．昭和基地への運搬が開始されると雪上車が次々と故障，寒いはずの南極で大量の食料を腐らせるという大失敗もありました．

　さらに，ブリザードによる被害，発電機の故障，ブースの火災と続きます．

　このように，数々の突発的なトラブルに遭遇しましたが，鍛え抜かれた隊員たちの機敏な処置により，いずれも被害を最小限にとどめ，越冬隊の役割を見事完遂したのでした．

　西堀先生の語録の中に，新しいことを行う時の心構えとして，「突発事故は起こると考えよ」「大切なのは万全の準備と臨機応変の処置」「臨機応変の処置は訓練により体得する」の3つがあります．

　これらは，私たちが「課題達成」に取り組むときの心構えとしても大いに役立ちそうです．とくに「成功シナリオの追究」のステップでは，「成功シナリオの実施」に向けて「万全の準備」をし，「突発事故は起こる」と考えて「臨機応変の処置」ができるよう，十分「教育・訓練しておく」ことが重要といえるでしょう．

　1年後，宗谷が迎えに来ました．しかし，またもや厚い氷に阻まれ，第1次越冬隊を撤収させるのが精一杯，第2次越冬隊も一緒に日本に引き返します．15頭のカラフト犬は昭和基地に繋がれたままでした．タロとジロの感動の物語はご存知の方も多いことでしょう．

TOOL

第6章

「成功シナリオの実施」〜「標準化と管理の定着」に有効なツール

テーマの選定 → 攻め所の明確化と目標の設定 → 方策の立案 → 成功シナリオの追究 → **成功シナリオの実施〜標準化と管理の定着**

6章

「成功シナリオの実施」～ 「標準化と管理の定着」のポイントとツール

　第6章では，残された3つのステップ「成功シナリオの実施」「効果の確認」「標準化と管理の定着」に有効な5つのツールを紹介します（表6.1参照）．日ごろよく目にする基本的なツールですので，うまく使いこなしてください．

表6.1　「成功シナリオの実施」～「標準化と管理の定着」までの実施手順と有効なツール

【成功シナリオの実施】	【有効なツール】
1. 実行計画の作成	ツール6-1　ガント・チャート
2. 成功シナリオの実施	ツール6-2　アロー・ダイヤグラム法
【効果の確認】	ツール6-3　PDPC法
1. 有形効果の把握	ツール6-4　5W1Hマトリックス図法
2. 無形効果の把握	ツール6-5　QC七つ道具
【標準化と管理の定着】	
1. 標準化	
2. 周知徹底	
3. 管理の定着	

（1）「成功シナリオの実施」のポイント

　「成功シナリオの実施」では，成功シナリオを細部の実施項目に分けて，実施計画書を作り，抜け落ちなく確実に実行していく必要があります．このステップのポイントはしっかりした計画の策定にあり，実施項目の日程割付や役割分担を明確に表示し，メンバーで共有化できることが大切です．

　計画作成ツールとして，「ガント・チャート」「アロー・ダイヤグラム法」「PDPC法」「5W1Hマトリックス図法」などが有効です．

(2) 「効果の確認」のポイント

　「効果の確認」のステップでは，目標の達成度合いや副次効果の確認と，活動前後でサークルや個人がどのように成長したかを確認していくので，効果を"見える化"して全員で共有化することが大切です．目標が達成できていなければ，問題のあるステップに戻ってやり直します．
　ツールとしては，ひと目でわかりやすく表示できる「QC七つ道具」が有効です．そのなかでももっともよく使われるのは「パレート図」と「グラフ」です．

(3) 「標準化と管理の定着」のポイント

　「標準化と管理の定着」のステップは，最終的な成功シナリオを標準化し，実施効果が継続的に得られるように維持・管理方法を検討し，定着させることが目的です．この内容は課題達成型に限らずすべての改善活動に共通して実施すべきものです．このステップのポイントは，標準化と周知徹底（教育・訓練），管理の定着という3つの要素で，しっかり歯止めをうって，問題・課題の再発防止，未然防止をすることにあるので，有効なツールとしては歯止めの計画づくりとして「5W1Hマトリックス図法」，効果の継続フォローには「QC七つ道具」の「グラフ」を紹介します．

ツール6-1

ガント・チャート

(1) 「ガント・チャート」とは

　成功シナリオを確実に，漏れなく実施するためには，シナリオを細かな実施項目に分解して，しっかりした実施計画書(小日程計画)を作成し，実行に移すことが大切です．

　実施項目に当たる作業や業務の日程計画やスケジュール管理にもっともよく使われるのが第2章でも紹介した「ガント・チャート」です．バー・チャートや横線工程表，線表とも呼ばれ，比較的単純で大まかな計画や作業項目数がさほど多くない場合に使います(図6.1参照)．課題達成型の手順では，ほかに「テーマの選定」と「攻め所の明確化と目標の設定」の活動計画書としてもよく使われています．

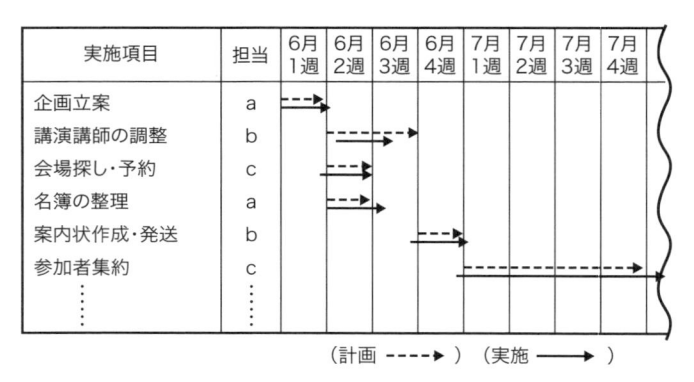

実施項目	担当	6月1週	6月2週	6月3週	6月4週	7月1週	7月2週	7月3週	7月4週
企画立案	a	--→							
講演講師の調整	b		--→	→					
会場探し・予約	c		--→						
名簿の整理	a		--→						
案内状作成・発送	b					--→			
参加者集約	c					→			→

(計画 ----▶)　(実施 ——▶)

図6.1　「ガント・チャート」作成例（研修会の実行計画）

　複雑な計画や作業の相互関係を表示する場合は不向きなので，後述の「アロー・ダイヤグラム法」などのツールを用いるようにしましょう．

(2) 「ガント・チャート」の作成手順

手順1．実施項目を分解する

154

プロジェクトやシナリオを実施項目（作業や業務タスク）に分解します．

手順2．　時間を見積る

それぞれの項目の実行に必要な時間（日数）を見積もります．

手順3．　縦軸・横軸を入れる

これらの実施項目を図6.1のように縦軸に書き，横軸に月や週，日などの時間をとり，各項目に必要な期間を計画線（横棒または矢印）で表示します．このとき，計画線の始点が作業の始まりを，計画線の終点は作業の終了時点を示すようにします．

「ガント・チャート」は作業期間がひと目でわかるので，プロジェクト全体の管理者やそれぞれの作業担当者にとってわかりやすく，進行管理にも有効です．進行管理では，予定の計画線の下に実際に要した期間を実施線として記入していけば，作業予定に対する遅早が把握できます．

(3)　「ガント・チャート」の活用事例

図6.2は「ガント・チャート」の実施例です．担当者名を表に入れて役割分担や責任を明確にしています．

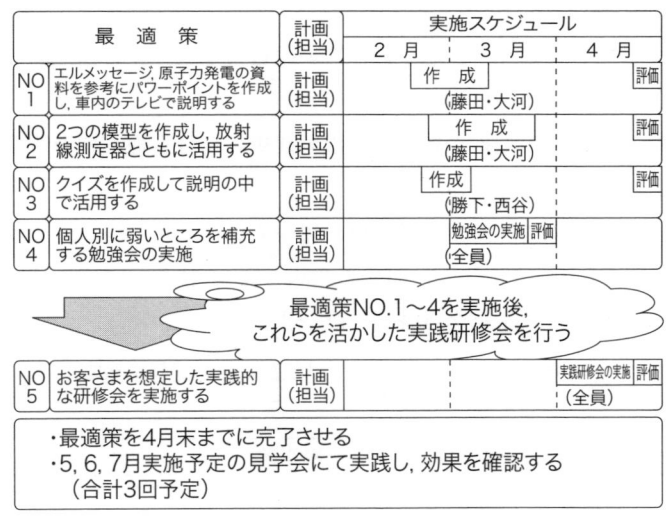

図6.2　「ガント・チャート」を使った実施計画

（出典：関西電力㈱「チャレンジアップサークル」，『QCサークル』誌2003年2月号　体験事例1，日本科学技術連盟）

ツール 6-2
アロー・ダイヤグラム法

(1) 「アロー・ダイヤグラム法」とは

　成功シナリオの実施項目が多岐にわたり，多くの実施項目が複雑に入り組んでいる場合には，ネットワークを使った日程計画を作る必要があります．その代表的な手法がPERT[注]です．新QC七つ道具では，これを「アロー・ダイヤグラム」(矢線図)と呼んでいます．これを使えば，作業相互の依存関係や管理の重点ポイントをつかみやすく，ある作業が遅れたり，早かったりした場合の全体への影響度の予測や計画変更に役立ちます．

　　(注)　PERT：米国で開発された計画と管理の手法，Program Evaluation and Review Techniqueの略です．

　「アロー・ダイヤグラム法」の特徴は，次のような点にあります．
① 仕事の全体像が把握しやすく，仕事の着手前に工程上の問題点や重要ポイントが明確にできる．
② ネットワークを描くと，思いがけない改善の手立てや日程短縮の方法が発見できる．
③ 作業の進捗状況の把握が容易で，計画変更の場合も他への影響や問題を見越した早い処置がうてる．
④ 関係者間の意思の疎通や共通理解が得やすい．

　「アロー・ダイヤグラム法」の記号の意味を表6.2に示します．結合点に識別用の番号をつけ，これを結合点番号と呼びます．

表 6.2　「アロー・ダイヤグラム法」の記号の意味

記号	名称	意味
──▶	作業	時間を必要とする要素作業．
○	結合点	作業と作業の区切り．作業の終了時点であり，次の作業の開始時点でもある．
┄┄▶	ダミー	所要時間はゼロで，単に作業の順序関係を示している．

(2) 「アロー・ダイヤグラム法」の作成手順

手順1. 実施項目に分解し，ラベルに記入する

成功シナリオを細かな実施項目(作業アイテム)に分解し，ラベルに記入します．

手順2. 日数を見積もり，項目間の相互依存関係を明確にする

各項目に必要な日数(時間)を見積もり，項目間の前後関係があるか，同時並行に進められる項目はないかなど，項目間の相互依存関係を明確にします．

手順3. 項目ラベルを配置する

相互関係をもとに，先行作業，後続作業の関係で左から右方向に向かって，時系列に沿って項目ラベル(作業)を配置していきます．

手順4. 項目ラベルの位置決めをする

直列に並ぶ項目ラベルのもっとも多い経路を中央線上に位置決めします．

手順5. 項目ラベルを該当場所に配置する

並列の関係にある項目ラベルを，それぞれの該当する場所に配置します．

手順6. 結合点番号，作業所要日数を記入する

すべての項目ラベルを配置できたら，図示記号を記入し，結合点番号を作業の早い順から記入します．作業矢線の下に作業所要日数を記入すれば完成です．

図6.3は「アロー・ダイヤグラム」の作成モデルです．

このように各実施項目(作業)の所要日数を計算して，各結合点について最早結合点日程(早くてもこの日からでなければ着手できない日程)と最遅結合点日程(遅くともこの日までには作業を完了していなければならない日程)を記入しておけば，日程管理を効率的に実行することができます．

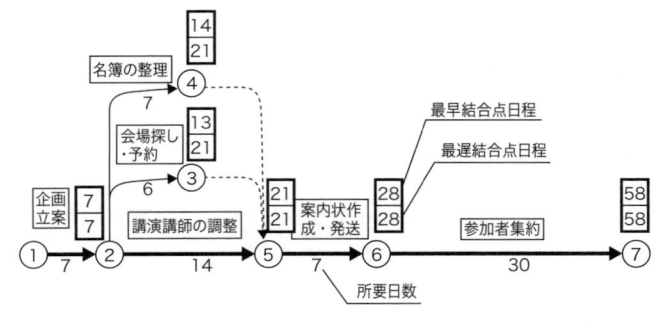

図6.3 「アロー・ダイヤグラム」の作成モデル(研修会の実行計画)

（3）「アロー・ダイヤグラム」の活用事例

　図6.4と図6.5はQCサークルによる「アロー・ダイヤグラム」の活用例です．「アロー・ダイヤグラム」と「マトリックス図」をうまく組み合わせています．

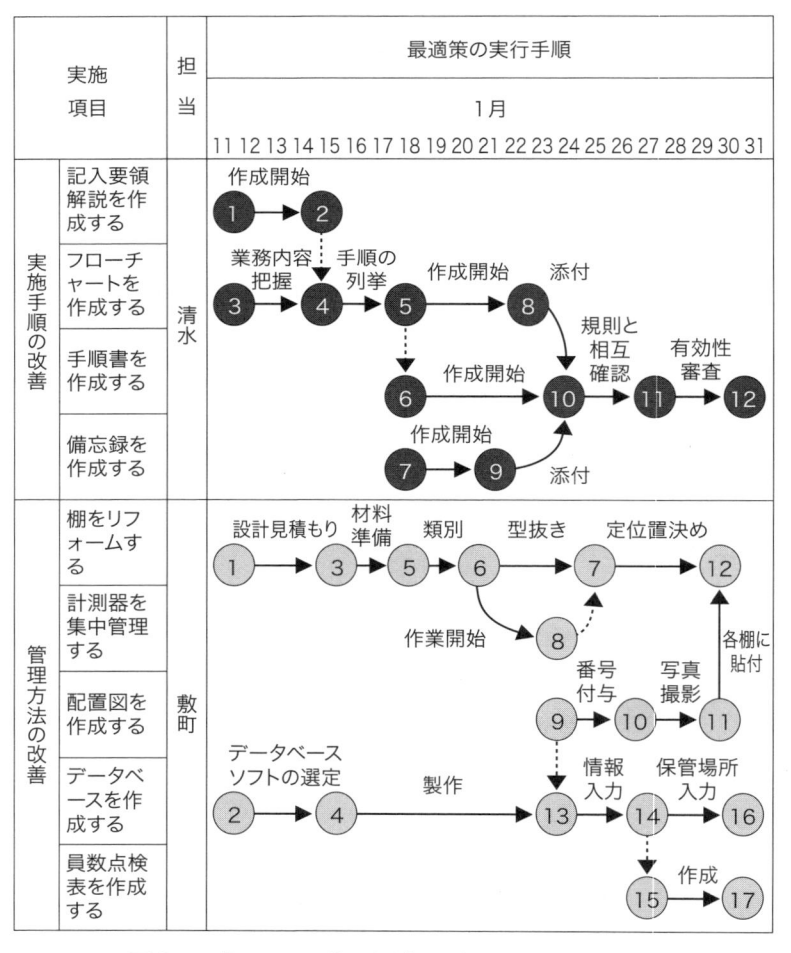

図6.4　「アロー・ダイヤグラム」による実施計画書

（出典：航空自衛隊「Key Pointサークル」，『QCサークル』誌2006年5月号　日本科学技術連盟）

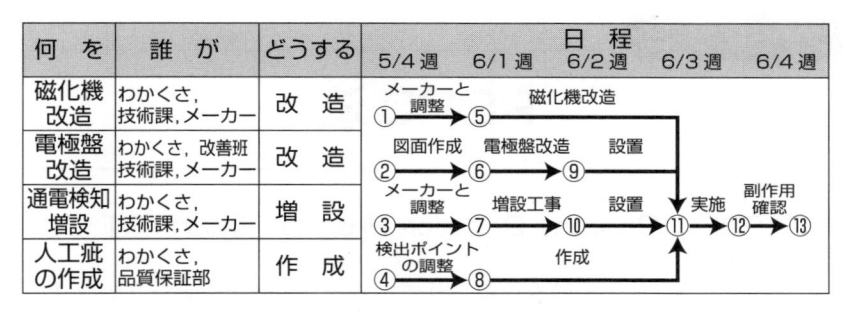

「成功シナリオの実施〜標準化と管理の定着」に有効なツール

何 を	誰 が	どうする	日　程　5/4週　6/1週　6/2週　6/3週　6/4週
磁化機改造	わかくさ,技術課,メーカー	改　造	メーカーと調整 ①→⑤ 磁化機改造
電極盤改造	わかくさ,改善班技術課,メーカー	改　造	図面作成 電極盤改造 設置 ②→⑥→⑨
通電検知増設	わかくさ,技術課,メーカー	増　設	メーカーと調整 増設工事 設置 実施 副作用確認 ③→⑦→⑩→⑪→⑫→⑬
人工疵の作成	わかくさ,品質保証部	作　成	検出ポイントの調整 作成 ④→⑧

図 6.5　成功シナリオの実行計画書

（出典：日産自動車㈱「わかくさサークル」，『QCサークル』誌2008年4月号　体験事例3，日本科学技術連盟）

ONE POINT

PERTの話

◆ PERTは米国で1958年に新しい計画・管理の手法として開発されたものです．ポラリス・ミサイル製造に適用され，開発納期を2年近くも短縮させたといわれています．日程計画を表示するのに矢線を使っているところから，アロー・ダイヤグラム法と呼んでいます．日本には1960年ごろの導入以来，土木・建築や新製品開発などの分野で普及・活用されるようになりました．

ツール 6-3

PDPC 法

(1) 「PDPC (Process Decision Program Chart) 法」とは

「PDPC法」は，第5章にも掲載されている通り，計画や実行プロセスの予測時に，情報不足であったり，当初の計画通りに進むとは限らないと懸念される場合に使われる手法です．形としては，計画のスタートから最終的な結果に至る一つまたは複数の過程や手順を時間の推移の順に矢印で結合した図で表わします．

(2) 「成功シナリオ」における使い方と活用事例

「成功シナリオの実施」における「PDPC法」の使い方は，「成功シナリオの追究」で作った「成功シナリオPDPC」に基づいて実施しながら，新たに気づいた実施項目や新たな阻害要因を打破するための手段を追記して，最終的に書き換えられた「実施したPDPC」を記録に残します．図6.6は，検討後の結果を白抜き文字で追記している事例です．

ONE POINT

PDPC 法の話

◆考案者は近藤次郎氏です．1968年の東大紛争に対処するため，当時東京大学工学部の近藤次郎教授が問題解決・意思決定の手法として開発しました．過程決定計画図 (Process Decision Program Chart) の頭文字をとって，PDPC法と呼ばれるようになりました．最初に作成した計画図が最後までそのままの形を保つことはほとんどなく，事態の進展に伴って新たな事実や阻害要因を排除する手段を追加するなどして，書き換えていきます．

【参考】 フローチャート

「PDPC法」と形が似ているものにフローチャート（流れ図または流れ作業図）があります．フローチャートは，仕事や処理の一つひとつを手順に分けて

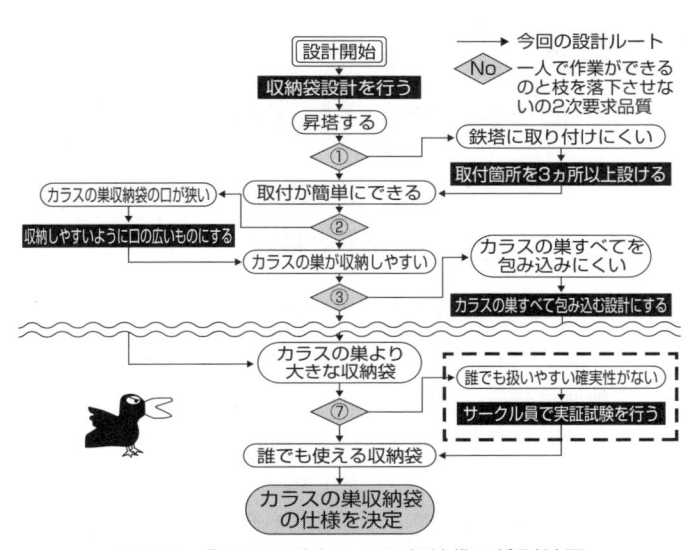

「成功シナリオの実施〜標準化と管理の定着」に有効なツール

図 6.6 「PDPC 法」による収納袋の検討結果

(出典：関西電力㈱「カメレオンサークル」，『QC サークル』誌 2003 年 9 月号　体験事例 1，日本科学技術連盟)

整理し，その順序を明確に表現した図記号と線で表示したものであり，情報処理や業務処理の工程や手順を表示する際によく使われます．両者の違いをよく理解したうえで混用しないように注意してください．

　図 6.7 は，成功シナリオを実施して開発できた新システムによる試験フローを，フローチャートで表わした事例です．

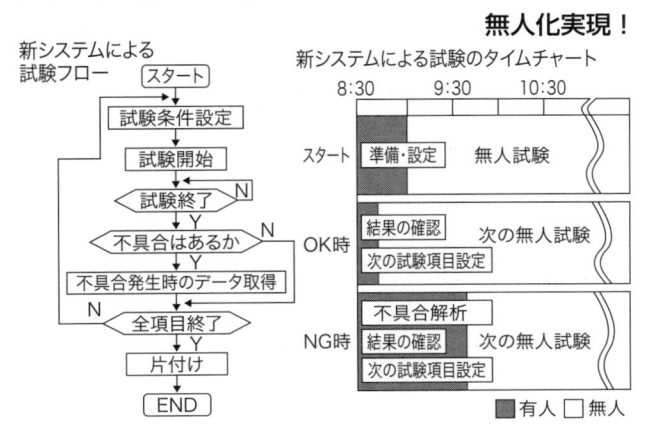

図 6.7　完成した新システムのフローチャート

(出典：日産自動車㈱「デンシマンサークル」，『QC サークル』誌 2002 年 2 月号　体験事例 1，日本科学技術連盟)

161

ツール 6-4

5W1H マトリックス図法

(1) 「5W1H マトリックス図法」とは

　簡単な成功シナリオの実行計画や標準化計画では,「5W1H マトリックス図法」をよく使います.「マトリックス図法」とは,行に属する要素と,列に属する要素によって構成された二元表の交点に着目して,発想や着想,判定する方法です.交点にはデータや判定記号,内容(言葉)を記入します.「マトリックス図」は,その形やパターンからL型やT型,Y型など多くのタイプがありますが,実行計画書や標準化計画書ではL型がよく使われます.

(2) 「5W1H マトリックス図」の使い方

　実行計画書では,まず1列目に実施項目(何を)を展開し,2列目以降に,誰が,いつまでに,どこで,なぜ,どのようにするのかなど,5W1Hを明確にして,抜け落ちのない実行計画を立案します.

(3) 「5W1H マトリックス図」の活用事例

　表6.3には,成功シナリオの実施プラン例を示します.

表6.3　成功シナリオの実施計画「5W1H マトリックス図」

1. 実行計画の作成【PLAN】

No	何を	誰が	いつまでに	どこで	なぜ	どのように
1	関連部署との調整	工長	5月末	自組	不具合の発生防止	調整会議開催
2	組内勉強会	工長	5月末	自組	組員への水平展開	実施内容を展開
3	塗料補給量	川井 篠崎	6月中旬	現場	固形分値を下げる	数値を変更し調整する
4	電着槽液温	塩原 小関	6月中旬	現場	温度を下げる	設定値を変更する
5	電圧・通電時間	磯部 粕谷	6月中旬	現場	電圧・通電時間を変更する	設定値を追加・変更する

2. 実 施【DO】

1) 関連部署と調整および組内勉強会の実施

技術課	予想される問題点の検討と調整実施 (塗料メーカーも交え調整会議実施)	
No	予想される問題点	対策案
1	ヒューマンエラーによる誤操作	組内勉強会の実施 (週末・週初めの点検項目追加)
2	膜厚低下による品質への影響	設定変更時,管理値の中間値で実施する

保　全	各設備操作方法の調整実施
実施内容	5ゲン主義により 各設備ごとに勉強会実施

(出典:日産自動車㈱「PBサークル」,『QCサークル』誌2001年9月号　体験事例1,日本科学技術連盟)

「標準化と管理の定着」の実施計画では，5W1Hで，漏れのない標準化計画を策定し，実行します（表6.4，6.5参照）．

表6.4　管理の定着マトリックス図

対策	なぜ	誰が	いつ	どこ	何を	どうする
アプローチブックの活用	建替えの必要性を具体的に認識していただくため	担当営業	随時	訪問先	アプローチブックを	活用し説明する
所有者リストの更新	タイムテーブルの進行に合わせた提案のため	担当営業	随時	職場	古物件所有者データベースを	改訂し最新の情報を維持する
ロープレ勉強会	営業スキルを共有するため	細野	月1回	職場	ロープレ勉強会	開催し指導する
現地調査	現地調査の効率化と情報共有をはかるため	各営業	随時	現場	調査報告書作成	実施しDB入力を行う

（出典：ポラスグラテック㈱「おしゃれ資産税サークル」，『QCサークル』誌2006年4月号体験事例2，日本科学技術連盟）

表6.5　標準化と管理の定着マトリックス図

項目	何を	いつ	どこで	誰が	なぜ	どのように
標準化	照射位置確認方法	12/19	詰所	長木	作業方法の承認	業務処理基準の改訂
教育	照射位置確認作業要領	12/22	現場	長木	作業の統一	OJT教育の実施
維持管理	照射位置確認	1回/月	現場	作業者	精度の保証	定期点検の実施

（出典：日産自動車㈱「クリーンワールドサークル」，『QCサークル』誌2005年6月号体験事例2，日本科学技術連盟）

図6.8の活用例では，5W1Hによる標準化と管理の定着計画と「QC七つ道具」の折れ線グラフによる効果の維持管理状態を示しています．

5W1Hで実施

作成:篠崎

NO	なぜ	何を	誰が	いつ	どこで	どのように
1	標準化	塗料補給量遍歴表	指導員	6/15まで	職場	新規作成
2	標準化	液温設定値遍歴表	指導員	6/15まで	職場	新規作成
3	標準化	電圧変更手順標準作業書	工 長	6/18まで	職場	新規作成
4	記録に残す	変更内容	作業者	条件変更時	現場	遍歴表に記入
5	記入漏れ防止	遍歴表	工 長 指導員	条件変更時	現場	確認チェック
6	効果の維持,継続	浴液状態	工 長 指導員	1回/週	現場	メーカーと調整
7	周知徹底	情報提供	工 長	1回/週	休憩所	組内ミーティング開催

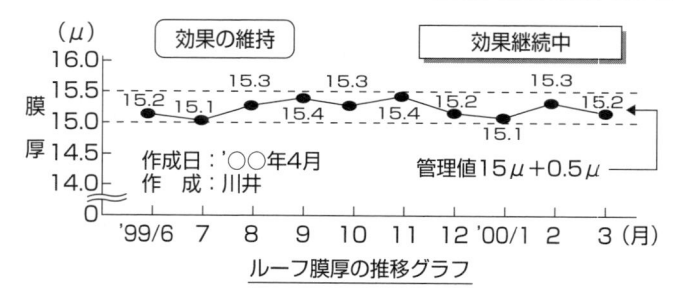

ルーフ膜厚の推移グラフ

効果の維持 / 効果継続中
管理値15μ+0.5μ
作成日:'○○年4月
作 成:川井

データ: 15.2, 15.1, 15.3, 15.4, 15.3, 15.4, 15.2, 15.1, 15.3, 15.2
期間: '99/6 7 8 9 10 11 12 '00/1 2 3 (月)

図 6.8 標準化と管理の定着

(出典:日産自動車㈱「PB サークル」,『QC サークル』誌 2001 年 9 月号 体験事例 1,日本科学技術連盟)

ツール 6-5

QC 七つ道具

(1) 「QC 七つ道具」とは

「効果の確認」のステップでは，活動前後の効果をわかりやすく表示するために「QC 七つ道具」を使用するのが一般的です．代表的なものとしては，「パレート図」「グラフ」(棒グラフ，折れ線グラフ，レーダーチャート)「ヒストグラム」「管理図」などがあります．

(2) 「QC 七つ道具」の使い方

「QC 七つ道具」を使用するに当たって大切なことは，活動のデータを表示するのにもっとも適切なものを，たくさんの手法の中から選択することです．

「QC 七つ道具」を使ってデータや結果を図表にして見える化することは，メンバー間の情報の共有化に役立つとともに，上司や他者へ説明するときにわかりやすく，説得力を持たせることができます．

(3) 「QC 七つ道具」の活用事例

QC 七つ道具を使った活用事例を，図 6.9(パレート図)，図 6.10(ヒストグラム)，図 6.11(棒グラフ)，図 6.12(折れ線グラフ)の 4 種類紹介しますので，参考にしてください．

なお，図 6.10 は部品をトレーに取り付けて熱処理を行う工程において，予熱の温度差で部品形状に歪みが発生することを突き止め，温度設定を変更して歪みを削減した事例です．

6章

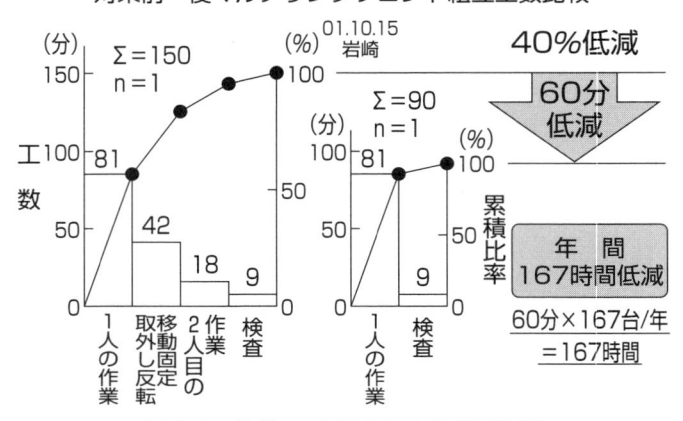

図 6.9 「パレート図」による効果確認

(出典:日産自動車㈱「クライムサークル」,『QCサークル』誌2004年4月号 体験事例1,日本科学技術連盟)

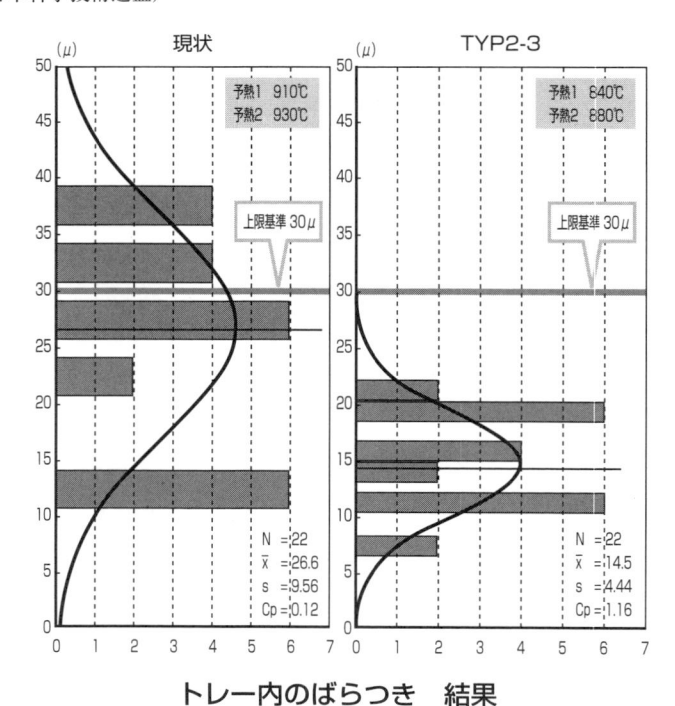

図 6.10 「ヒストグラム」によるトレー内のばらつき効果

(出典:本田技研工業㈱「釜炊きマンサークル」,『QCサークル』誌2004年5月号 特集の事例,日本科学技術連盟)

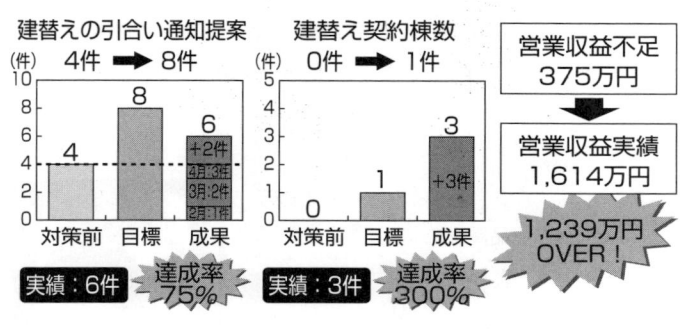

「成功シナリオの実施〜標準化と管理の定着」に有効なツール

図6.11 棒グラフによる効果確認

(出典：ポラスグラテック㈱「おしゃれ資産税サークル」，『QCサークル』誌2006年4月号 体験事例3，日本科学技術連盟)

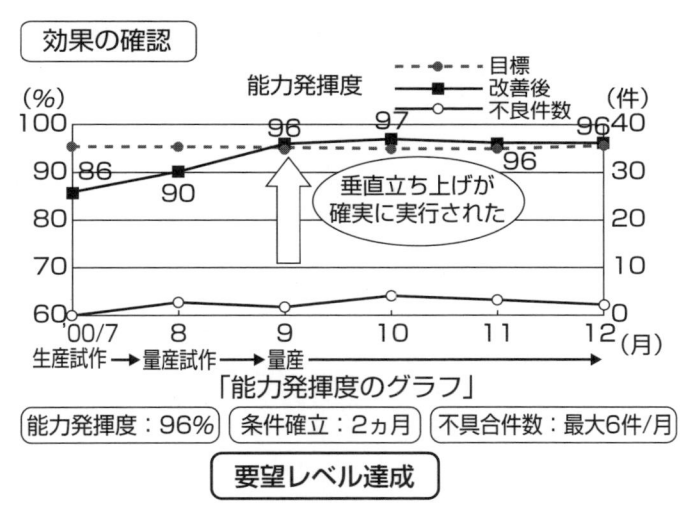

図6.12 折れ線グラフによる効果確認

(出典：コニカ㈱「AP-50合同サークル」，『QCサークル』誌2002年1月号 体験事例1，日本科学技術連盟)

　グラフのうち，「レーダーチャート」は，無形効果を表示する際にもっともよく活用されます．「レーダーチャート」とは，円の中心点から表示したい分類項目数だけ，レーダー状に直線を伸ばし，中心点からの棒の長さで数量の大きさを表わし，各プロット点を直線で繋いだものです．活動前(破線)と活動後(実線)，あるいは異なる要素のデータを同じチャートに書き込めば，評価項目

167

間の偏りや活動成果の大小判定が一目瞭然にわかります．図6.13は，サークル診断を活動前後で比較した無形効果を「レーダーチャート」で表示した事例です．

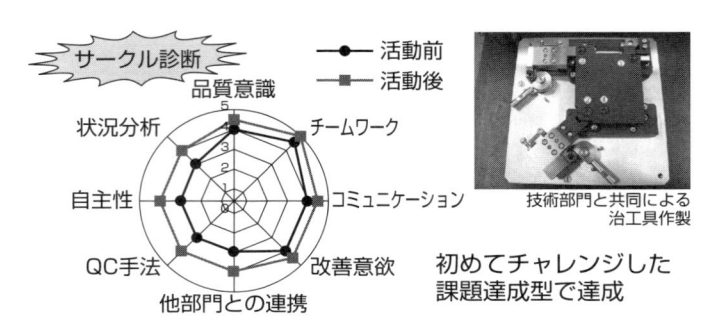

図 6.13　「レーダーチャート」による無形効果の確認
（出典：㈱日立グローバルストレージテクノロジーズ「25TEST サークル」，『QC サークル』誌 2009 年 3 月号　体験事例 1，日本科学技術連盟）

Tool

第7章

「課題達成」を効果的に活用するために

7章

7-1 ツールの達人になろう

　課題達成のアプローチは自由度が大きいだけに，少々取り組みにくいところがあるかもしれませんが，第6章までで学んだツールをうまく使えば，活動を効果的・効率的に進めることができるはずです．

　ここでもう一度，ツールの重要性を振り返っておきましょう．

　たとえば，一級品の料理は，一流の料理人が必要な材料(野菜や肉，調味料)をそろえ，適切な道具(包丁やまな板，鍋)を使い，最適の料理方法で調理するから美味しく食べることができるのです．

　これと同様に，大きな効果を生む改善活動は，よく勉強しているメンバーが，必要なデータや情報を集めて，適切なツールを使い，最適な手順(問題解決型や課題達成型)で活動することで実現します．

　本書で取り上げたツールは，この適切な道具・ツールに当たります．ツールをうまく活用するには，2つのことが大事です．1つ目は，推奨されている基本ツールや本書で取り上げたツールの使い方をマスターすること，2つ目は，管理技術の進歩に合わせて開発・紹介される新しいツールにも目を向け，自分たちに最適のツールを見つけることです．世の中には，本書で取り上げたツール以外にもたくさんのツールがあります．

　古来より，その道の達人は，いい道具を手に入れ，手になじむまで使いこなしていたといわれます．ツールは使うほど切れ味がよくなり，使わなければ錆びついてしまいます．みなさんもツールの達人になって，職場の重要課題を手際よく解決していきましょう！

　課題達成に有効と思われるツール・手法を表7.1に紹介しておきます．それぞれについて詳しく知りたい方は，専門の図書を参照してください．

「課題達成」を効果的に活用するために

表 7.1 課題達成に役立つツール

分類	ツール・手法	掲載	分類	ツール・手法	掲載
QC七つ道具	チェックシート	3章	アイデア発想法	ブレーン・ストーミング法	4章
QC七つ道具	グラフ	3,6章	アイデア発想法	ブレーン・ライティング法	4章
QC七つ道具	ヒストグラム	6章	アイデア発想法	希望点列挙法	4章
QC七つ道具	パレート図	3,6章	アイデア発想法	欠点列挙法	4章
QC七つ道具	特性要因図		アイデア発想法	チェックリスト法	4章
QC七つ道具	散布図		アイデア発想法	特性列挙法	
QC七つ道具	管理図		アイデア発想法	形態分析法	
QC七つ道具	層別	3章	アイデア発想法	仮想状況設定法	
新QC七つ道具	親和図法		アイデア発想法	焦点法	4章
新QC七つ道具	連関図法		アイデア発想法	ビジュアル・コネクション法	4章
新QC七つ道具	系統図法	4章	アイデア発想法	ゴードン法	
新QC七つ道具	マトリックス図法	6章	商品企画&マネジメント	グループインタビュー	
新QC七つ道具	アロー・ダイヤグラム法	6章	商品企画&マネジメント	アンケート調査	3章
新QC七つ道具	PDPC法	5,6章	商品企画&マネジメント	ポジショニング分析	
新QC七つ道具	マトリックス・データ解析法		商品企画&マネジメント	表形式発想法	
SQC	計量値の推定・検定		商品企画&マネジメント	コンジョイント分析	
SQC	計数値の推定・検定		商品企画&マネジメント	品質表(QFD)	5章
SQC	相関と回帰・重回帰分析		商品企画&マネジメント	FTA(故障の木解析)	
SQC	分散分析		商品企画&マネジメント	FMEA(故障モード影響解析)	5章
SQC	多変量解析		商品企画&マネジメント	SWOT分析	3章
SQC	実験計画法		商品企画&マネジメント	KT法	
SQC	信頼性解析		商品企画&マネジメント	ベンチマーキング	3章
IE 動作研究	動作分析		商品企画&マネジメント	ガント・チャート	2,6章
IE 動作研究	動作経済の原則		課題達成に特有のツール	問題・課題発掘チェックリスト	2章
IE 時間研究	時間分析		課題達成に特有のツール	問題・課題選定シート	2章
IE 時間研究	稼働分析		課題達成に特有のツール	問題・課題絞り込み評価表	2章
IE 方法研究	工程分析		課題達成に特有のツール	改善手順選定法	2章
IE 方法研究	流れ分析		課題達成に特有のツール	調査項目選定表	3章
IE 方法研究	運搬分析		課題達成に特有のツール	攻め所選定シート	3章
			課題達成に特有のツール	障害・副作用排除検討表	5章
			課題達成に特有のツール	メリット・デメリット表	5章
			課題達成に特有のツール	成功シナリオの追究ワークシート	5章

7-2 課題達成活動事例に学ぶ

JHS 部門の活動事例

魅力的な次世代層出前授業への挑戦

関西電力㈱難波営業所　所長室
「火のくるまサークル」
（QC サークル本部主催，第 4970 回 QC サークル大会発表資料から）

> 　関西電力㈱難波営業所は，心斎橋や通天閣などの名所がある大阪市南部に電気を供給しています．サークルが所属する所長室は，広報・地域共生活動の一つとして，2000 年から主に小学 5 年生を対象に「次世代層出前授業」（以下，出前授業）を実施し，エネルギーや地球環境問題に関して，正しい知識と興味を持ってもらい，将来の関電ファンを増やす活動をしています．
> 　出前授業に関する小学生と先生方の評価を一段と向上するため，課題達成型アプローチでお客様の声と多くの手法・ツールを活用して，授業内容や教材，テキスト，プログラムを新たな視点で豊富なアイデアを取り入れ，大きな成果をあげた事例です．「現状打破」の事例といえます．

ステップ1　テーマの選定

「問題・課題発掘チェックリスト」と「問題・課題選定シート」を使って，気になることを洗い出し，それぞれについてわかっていること，わかっていないことを確認し，仮テーマを設定しました（図 7.1 参照）．この仮テーマについて，重要性，緊急性，希望度，コスト，上司方針，効果という評価項目を置き，重みづけをしたうえで評価し，取り組むテーマを「魅力的な次世代層出前授業へ

の挑戦」に決めました(図 7.2 参照). 活動期間を 11 ヵ月, 各ステップごとに主担当を置き, 活動計画を作成して活動に入りました(図 7.3 参照).

> **ONE POINT**
>
> ◆問題・課題を発掘, 洗い出す際に, 推奨ツールを使って 4 つのチェックポイントからていねいに実施すると, 多くの仮テーマを洗い出すことができます.

'05.6.2 作成

チェックポイント	気になること	わかっていること	わかっていないこと	仮テーマ
上位方針は何か？	安全最優先の職場になっているか	安全意識がまだまだ低い	安全ルールが守られていない	安全ルールを確実に遵守させるには
	自己啓発が低迷している	個人の啓発意欲が薄い	自己啓発の手段を知っているのか	自己啓発を活性化させるには
	QCサークル活動が活性化していない	発表会のためのQCサークル活動になっている	手法・方法がわかっているのか	QCサークル活動を活性化させるには
		QCサークル活動をする時間がない		
	業務改善提案活動が活性化していない	提案化して申請する時間がない		業務改善提案活動を活性化させるには
従業員からの要望は何か？	所長室の従業員サービスが行届いていないのではないか	とくに分散事業所からの不満を聞くことがある	各課が満足しているのか	従業員サービスの満足度を向上させるには
将来予想される問題・課題は何か？	電柱敷地料の未払解消率が低調になっている	このまま放置するともっと悪くなる	地権者情報がわかっていない	電柱敷地料の未払解消率を向上させるには
現状より高めたいものは何か？	次世代層出前授業の一部で不満の声がある	求められる授業内容が高まっている	何を求めているのか	次世代層出前授業の質を向上させるには

図 7.1 「問題・課題発掘・選定シート」によるテーマの洗い出し

(配点) ○: 3点　△: 2点　×: 1点　'05.6.2作成

No.	問題・課題	重要性	緊急性	希望度	コスト	上司方針	効果	総合評価
1	安全ルールを確実に遵守させるには	○	△	△	△	○	△	144
2	自己啓発を活性化させるには	△	×	×	○	○	×	18
3	QCサークル活動を活性化させるには	△	△	×	○	○	△	72
4	業務改善提案活動を活性化させるには	△	△	×	○	○	△	72
5	従業員サービスの満足度を向上させるには	○	△	△	△	○	△	144
6	電柱敷地料の未払解消率を向上させるには	○	○	△	×	○	○	162
7	次世代層出前授業の質を向上させるには	○	△	○	△	○	△	216

"テーマ決定"　魅力的な次世代層出前授業への挑戦

図 7.2 「問題・課題絞り込み評価表」によるテーマの決定

	ストーリー＼期間	6月	7月	8月	9月	10月	11月	12月	1月	2月	3月	4月	主担当
活動内容	テーマの選定	●‥●											西森
	攻め所の明確化		●‥●										南
	目標の設定			●‥●									南
	方策の立案				●‥●								鈴木
	成功シナリオの追究と実施					●――――――――――●							南
	効果の確認									●―●			鈴木
	標準化と管理の定着										●―●		南
	反省と今後の対応											●‥●	鈴木

●‥‥● 計画　●――● 実績

図 7.3　活動計画書

ステップ2　攻め所の明確化と目標の設定

　出前授業後に実施しているアンケートによると，先生方の74%が満足していますが，100%にしたいということがサークル全員の願いです．調査項目を人・物・環境・方法の面からありたい姿と現在の姿を明確にし，攻め所候補を考えました．

　重みづけを加えて評価した結果，点数の高い次の5項目，"授業方法の改善""実験機材の見直し・改良""実験方法の改善""テキストの見直し・改良""出前授業プログラムの改善"を「攻め所」として採用しました（図7.4参照）．

(配点) ○:3点, △:2点, ×:1点　'05.7.7作成

特性・項目	ありたい姿	現在の姿	ギャップ	攻め所（候補）	評価項目 期待効果	重要性	上方針位	総評合価	採否
（数値的特性）アンケートの満足度	全学校から100%の満足度を得る	実施校のうち74%が満足している	26%の先生が不満と思っている						
（人）説明者のレベル・方法	わかりやすい説明で全生徒の理解を得る	一部の先生から小学生には「わかりにくい部分がある」との声がある	全生徒に理解してもらえる授業内容になっていない	説明者のレベルアップ	△	△	△	8	△
				授業方法の改善	○	△	○	18	○
（物）説明用機材・テキスト	各機材・テキストがすべての生徒にわかりやすくなっている	一部の機材・テキストがわかりにくいとの声がある	機材・テキストの見直し改良を行っていない	実験機材の見直し・改良	○	△	○	18	○
				実験方法の改善	○	○	○	27	◎
				テキストの見直し・改良	○	△	○	18	○
（環境）見学施設	見学できて良かったといってもらいたい	すべての生徒が満足していない	PR館任せになっている	PR館などの施設の改善	△	×	△	4	△
（方法）カリキュラム	全学校のニーズに沿った授業にしたい	プログラムの数が少な　選択の幅が少ない	プログラムの改善をはっていない	出前授業プログラムの改善	○	○	○	27	◎

目標対象	次世代層出前授業実施後の先生へのアンケート結果
目標値	満足度74%　→　90%以上
目標期限	8ヵ月後（'05年度末）

図 7.4　「攻め所選定シート」と目標の設定

「課題達成」を効果的に活用するために

目標は，出前授業後のアンケートによる先生の満足度を8ヵ月後までに，90%以上にすると決めました（図7.4参照）．

ONE POINT

◆ありたい姿や現在の姿，ギャップの表現はできるだけ数値化したいところですが，JHS部門では言語表現が多くなりやすいので，この事例のようにアンケートを活用するのはよい考えです．攻め所の絞り込みで評価項目に実現性を入れていないので，画期的な方策につながる可能性が高くなります．

ステップ3　方策の立案

「攻め所選定シート」で採用した攻め所に焦点を当て，方策案をたくさん出し合うことにしました．具体的な方策展開をするに当たり，アンケート調査による改善要望項目を情報分析してみました．項目別にパレート図にまとめたところ，実験内容と授業内容についてそれぞれ2つの項目が大きな着目点であることがわかりました（図7.5参照）．

この分析結果を参考に具体的方策を出し合い，系統図に整理し，評価した結果，図7.6の4項目について「成功シナリオの追究」に進むことにしました．

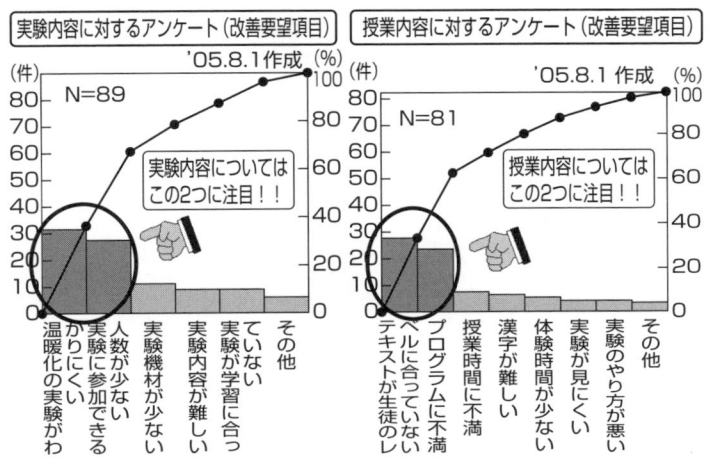

図7.5　パレート図による改善項目の抽出

7章

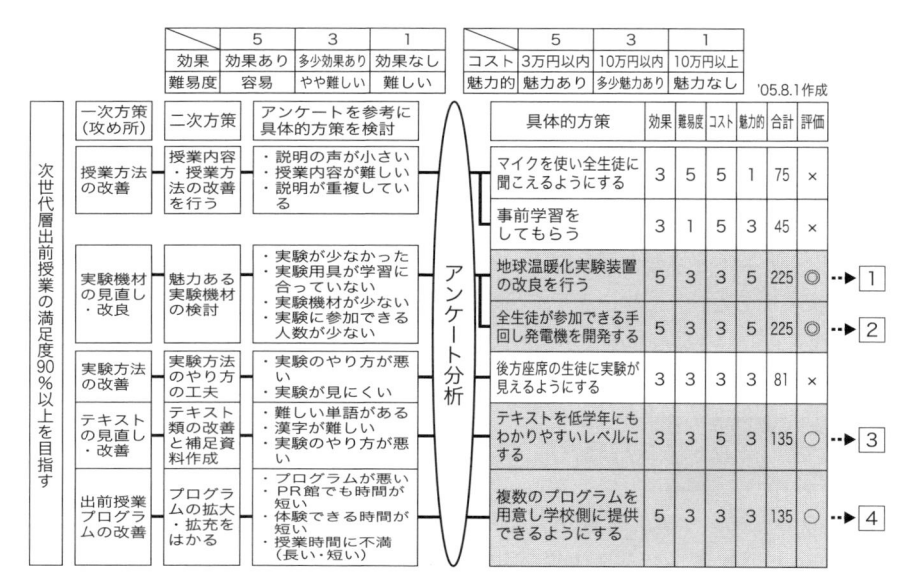

	5	3	1		5	3	1	
効果	効果あり	多少効果あり	効果なし	コスト	3万円以内	10万円以内	10万円以上	
難易度	容易	やや難しい	難しい	魅力的	魅力あり	多少魅力あり	魅力なし	'05.8.1作成

次世代層出前授業の満足度90％以上を目指す	一次方策(攻め所)	二次方策	アンケートを参考に具体的方策を検討	アンケート分析	具体的方策	効果	難易度	コスト	魅力的	合計	評価	
	授業方法の改善	授業内容・授業方法の改善を行う	・説明の声が小さい ・授業内容が難しい ・説明が重複している		マイクを使い全生徒に聞こえるようにする	3	5	5	1	75	×	
					事前学習をしてもらう	3	1	5	3	45	×	
	実験機材の見直し・改良	魅力ある実験機材の検討	・実験が少なかった ・実験用具が学習に合っていない ・実験機材が少ない ・実験に参加できる人数が少ない		地球温暖化実験装置の改良を行う	5	3	3	5	225	◎	▶ 1
					全生徒が参加できる手回し発電機を開発する	5	3	3	5	225	◎	▶ 2
	実験方法の改善	実験方法のやり方の工夫	・実験のやり方が悪い ・実験が見にくい		後方座席の生徒に実験が見えるようにする	3	3	3	3	81	×	
	テキストの見直し・改良	テキスト類の改善と補足資料作成	・難しい単語がある ・漢字が難しい ・実験のやり方が悪い		テキストを低学年にもわかりやすいレベルにする	3	3	5	3	135	○	▶ 3
	出前授業プログラムの改善	プログラムの拡大・拡充をはかる	・プログラムが悪い ・PR館でも時間が短い ・体験できる時間が短い ・授業時間に不満(長い・短い)		複数のプログラムを用意し学校側に提供できるようにする	5	3	3	3	135	○	▶ 4

図7.6　方策の立案

ONE POINT

◆方策案を考えるに当たって，アンケート調査による言語情報を数値化して，アイデア出しの着目点や具体的方策の洗い出しに活用しているところが参考になります．多くの切り口で評価しているので，方策の最終的な絞り込みが適切です．

ステップ4　成功シナリオの追究

成功シナリオを追究するに当たって，計画書を作成して取り組みました（図7.7参照）．

◀---▶ 計画　◀─▶ 実績

	成功シナリオ	月日	実行期間					担当
			8/1	8/15	9/1	9/15	9/30	
1	温暖化実験装置の改良を行う	計画	◀--------▶					南
		実績	◀─────────▶					
2	全生徒参加型の手回し発電機を開発する	計画	◀--------▶					鈴木
		実績	◀──────▶					
3	テキストを低学年にもわかりやすいレベルにする	計画				◀---▶		南 鈴木
		実績				◀────▶		
4	複数のプログラムを用意し，学校側に提供できるようにする	計画				◀---▶		南
		実績				◀▶		

図7.7　成功シナリオの実行計画書

【方策1】「新地球温暖化実験装置」の開発

"温度で地球の中の色を変える"とか"地球の模型ジオラマの作成"などの具体案を出し合い，「ワークアウト手法」の「ペイオフマトリックス」を活用して絞り込みました（図7.8左参照）．試作品の1，2号機を試してみると，「ライトが弱くて温度上昇が弱い」などの新たな問題が発生したので，「品質機能展開（QFD）」による詳細の仕様目標を改良品に反映させることにしました（図7.8右参照）．

【方策2】　全生徒が参加できる「手回し発電機」の開発

現状の発電機は一人ずつしか回せないなどの欠点を解決するアイデアを出し合い"小学4〜5年生の集団活動心理を活かして，みんなで協力しないと点灯しない方式""小学生でも回しやすい大きさ""回す力に比例した発電量が目に見える"などのアイデアを活かすことにしました．

【方策3】　低学年にもわかりやすいテキスト

現行テキストの欠点・不満点について，「欠点列挙法」を活用して洗い出し，主な欠点を6つにまとめました．先生方の助言やサークル員の家族の意見も取り入れ，それぞれについて最終的な解決策を見い出しました（図7.9参照）．

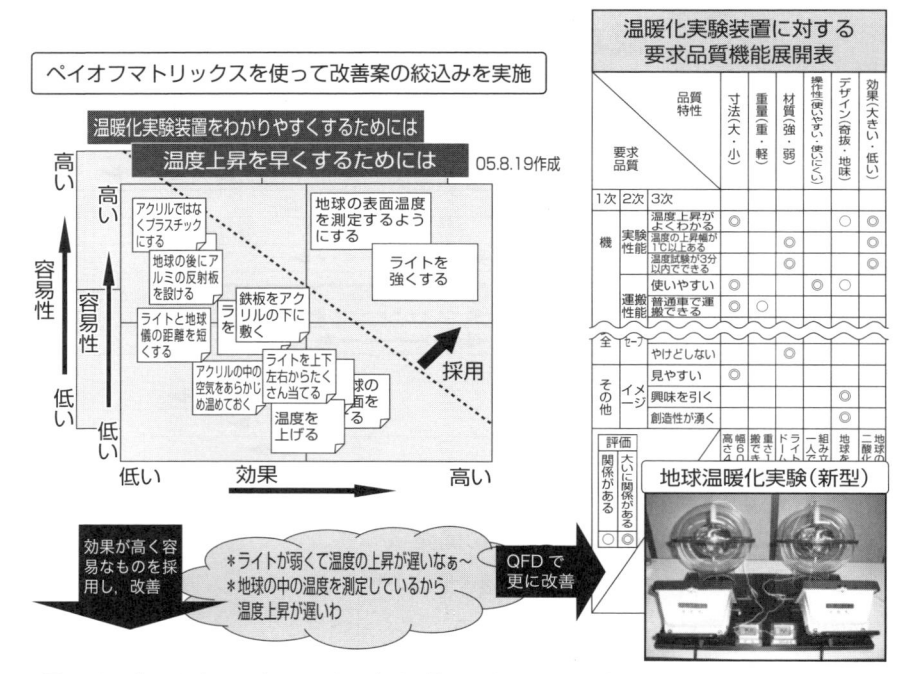

図 7.8 「ペイオフマトリックス」と「QFD」による新地球温暖化実験装置の開発

【方策 4】 複数プログラムの提供

　学校内と発電所以外にも発想を拡大して，セットメニューやオプションなど多くのプログラムを考え出し，場所・授業を実施する環境条件・コスト・時間の条件でマトリックス評価を行った結果，6 つのプログラムを採用することに決めました（図 7.10 参照）．

ONE POINT

◆アイデア出しや装置の開発に，「ペイオフマトリックス」や「品質機能展開（QFD）」「欠点列挙法」など多くの整理法・発想法を活用して，方策案を成功シナリオに導いていくプロセスはおおいに参考にしたいところです．また，サークルメンバーだけでなく，先生方や家族の意見も取り入れようとする姿勢は視野を広めたり，発想を転換することに役立ちます．

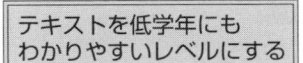

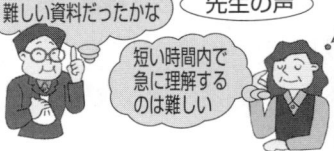

「課題達成」を効果的に活用するために

図 7.9 「欠点列挙法」によるテキストの改訂

図 7.10 「マトリックス図」による複数プログラムの検討

7章

ステップ5　成功シナリオの実施

　できあがった解決策（成功シナリオ）を順次実行し，最終的な出前授業のメニューをそろえることができ，先生の感想や子どもたちの反応を確認しました．ようやく完成した新地球温暖化実験装置（図7.11参照）は，"ハロゲンランプを2つにして短時間で温度上昇""地球儀を小さくし，空気とCO_2の量を増大""組み立て式で持ち運びOK"の特徴があります．先生方から「地球温暖化のイメージがわきやすく，わかりやすい」との声もいただき，同時に時間短縮もはかれました．

　手回し発電機は「最後は"はなまる"でよくできましたって感じがいいね」という意見があり，「5人用手回し発電機"はなまるくん"」と名づけることにしました（図省略）．新型発電機を子どもたちに使ってもらったところ，実験中の笑顔が"はなまる"をもらったときと同じになりました．「新テキスト」（図7.12参照）はわかりやすく充実した内容にでき，作成した「複数プログラム」は，学校への案内メニューを増やし，選んでいただけるようになりました．

図7.11　完成した新地球温暖化実験装置

図7.12　改訂できた新しいテキスト

「課題達成」を効果的に活用するために

ステップ6　効果の確認

　新たに改善・開発した出前授業を実施して，アンケートで満足度を確認した結果，91％と目標をクリアできました．なによりも，授業中の生徒たちの輝く瞳や歓声，感謝の手紙などの反応に達成感を味わうことができました．先生方からも，「話も実験もとてもわかりやすかった」「学校ではできない実験をしてもらえてよかった」「参加型の体験学習だったのでよかった」など好評でした（図7.13参照）．

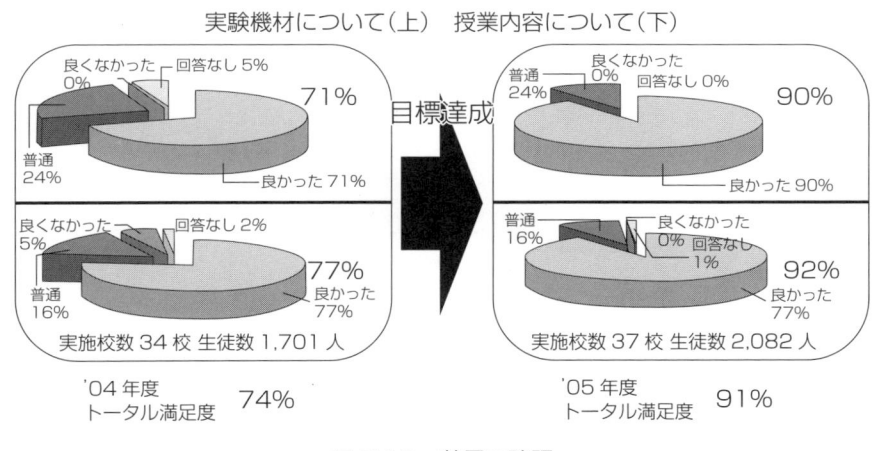

実験機材について（上）　授業内容について（下）

目標達成

'04年度トータル満足度　74%　　　　'05年度トータル満足度　91%

図7.13　効果の確認

ステップ7　標準化と管理の定着

　実施内容を営業所の「出前授業マニュアル」更新に反映させ，「出前授業ロールプレイ」VTRを事業所研修用・新規配属者伝達用に活用できるようにしました．アンケート調査を継続し，満足度の維持・確認をするとともに，今後とも生の声を活かしてタイムリーな改善を続けられるよう努力していきます．
　その後，出前授業の全社展開に向けて本店に設置された"次世代層プレゼン資料ワーキンググループ"にも情報を提供し，標準テキストに活動成果を反映することができました．

7章

> **ONE POINT**
>
> ◆活動成果が単なる水平展開だけではなく，全社的な出前授業活動にも採用・反映されることになったのは，この活動の質の高さを表わしています．課題達成で大きな成果を上げた場合は，こうした縦横への働きかけが大切です．

PN 部門の活動事例

磁気探傷装置検出力向上による工数低減の実現！

日産自動車㈱横浜工場　第2製造部鍛熱課
「わかくさサークル」
(『QCサークル』誌 2008 年 4 月号，体験事例 3 から)

　日産自動車㈱横浜工場は，自動車用のエンジン・アクスル・素形材を製造している総合ユニット工場です．サークルの職場は，鍛造部品の素材仕上げ工程で，ナックルスピンドルとナックルステアリング（以後，ナックル部品[注]）の品質検査を担当しており，メンバーはベテランと若手で構成しています．

　この事例は，所属組の工数低減目標達成のため，磁気探傷検査の工数低減という難しい課題の現状打破をねらって課題達成型で取り組み，多くの関係者の巻き込みや勉強した手法・ツールの活用によって，工数半減という大きな成果をあげ，同時に若手の育成と解析力の向上も達成しています．

　課題達成の進め方や多くのツール活用，運営の工夫など，いろいろな面で参考になる事例です．

　（注）　ナックル部品は車のフロント足廻りに装着され，舵取りの力を伝達する重要保安部品です．

ステップ1　テーマの選定

　組の活動計画の工数低減が未達成となる懸念があったため，品質コストに関するテーマを洗い出し，「テーマ選定マトリックス」（「問題・課題絞り込み評価表」）で評価した結果，「ナックル部品磁気探傷検出力向上による工数低減」に課題達成型で取り組むことにしました（図 7.14 参照）．

7章

品質コスト見直しアイテム　　評価点 ◎=3 ○=2 △=1

アイテム(予防コスト)	方策(評価コスト)	効果(是正コスト)	活動状況	上司方針	緊急性	重要性	品質ロス	貢献	得点	順位
サイドギアー,ピニオンメイト品質向上	磁気探傷工程廃止	1.0名減	05.9月より実施予定			活動中				
サイドフランジ曲り不具合流出防止	曲り測定センサー化	0.2名減	技術課と検討中	◎	○	◎	○	○	10	3
ハウジングウィズシャフト品質向上	磁気探傷工程廃止	0.3名減	発生源調査中	◎	◎	◎	○	○	11	2
ナックル部品磁気探傷装置検出力向上	磁気探傷1工程化	2.0名減	未実施	◎	◎	◎	◎	○	12	1
コンロッドキャップリードタイム短縮	目視作業インライン化	0.2名減	設備レイアウト 検討中	◎	○	◎	○	○	10	3

図 7.14　「テーマ選定マトリックス」によるテーマの絞り込み

　キャラバンのナックル部品は，ナックルスピンドルとナックルステアリングラインを交互に生産し，磁気探傷検査（図 7.15 参照）は 2 工程（2 回）実施しているため，所要工数が 4 名になっています．なぜ 2 工程必要なのか，仕上げ作業を「FMEA」（故障モード影響解析）で評価したところ，ナックル部品は大型で複雑な形状をしており，重大不具合流出危険指数が高いため，磁気探傷検査が 2 工程必要になっていることが再認識できました（図 7.16 参照）．

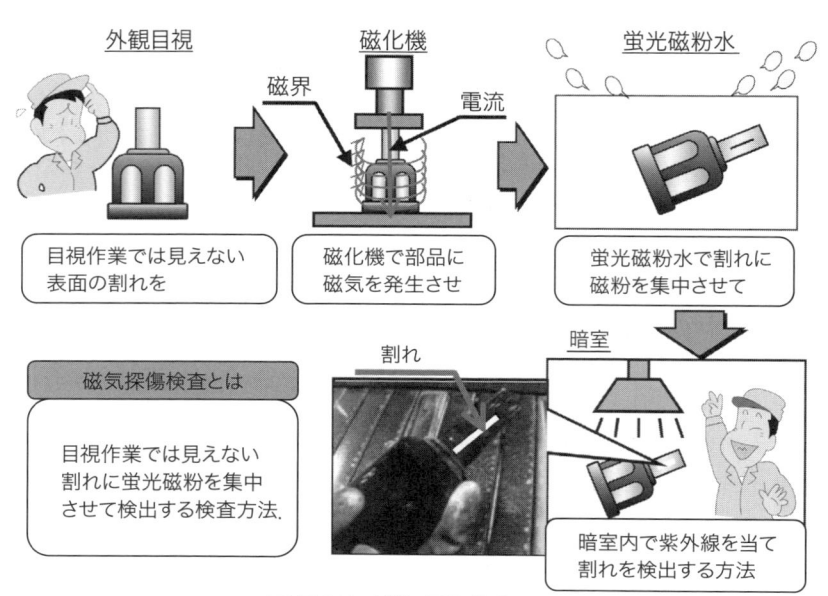

図 7.15　磁気探傷検査とは

「課題達成」を効果的に活用するために

NO	工程名 ・各工程	工程の機能 ・解析する不良項目	不良モード ・予想される不具合,過去にあった不具合	不良の影響 ・後工程, 完成車に与える影響	影響度	発生度	検出度	重要度	対策内容 ・再発防止策
1	外観目視	欠肉	黒皮残り	加工不良	3	1	1	3	目視作業の強化
		型ズレ	加工不良	加工マシン破損	1	1	1	1	目視作業の強化
4	磁気探傷 1工程	割れ	車両組立に流出	市場クレーム	9	1	3	27	磁気探傷2工程保証
		マクレ込み	剥離による欠肉	加工不良	1	1	3	3	磁気探傷2工程保証
		疵	剥離による欠肉	加工不良	1	1	3	3	磁気探傷2工程保証
5	磁気探傷 2工程	割れ	車両組立に流出	市場クレーム	9	1	1	9	磁気探傷2工程保証
		マクレ込み	剥離による欠肉	加工不良	1	1	1	3	磁気探傷2工程保証
		疵	剥離による欠肉	加工不良	1	1	1	1	磁気探傷2工程保証

FMEA 評価基準

影響度		発生度		検出度		重要度
評価	評価基準	評価	評価基準	評価	評価基準	評価基準
10〜9	人身,物損事故につながる致命的欠陥	5	不良率 3.1%以上	5	ディーラー,顧客に渡り市場クレームになる	(重大不具合) 危険指数
8〜7	走行不能,車両故障につながる重大欠陥	4	不良率 2.1〜3.0%	4	出荷までに発見される	影響度 × 発生度 × 検出度 = 重要度
6〜5	機能低下を招くような中程度の故障	3	不良率 1.1〜2.0%	3	車両に組み付くまでに発見される	
4〜3	外観機能を低下させるような軽微な故障	2	不良率 0.6〜1.0%	2	そのライン内で発見される	
2〜1	顧客が気づかないような軽微な故障	1	不良率 0.5%以下	1	その工程で発見される	

※ 1工程だけではすべての検出ができず,不具合流出危険指数が高い！
※ 2工程は1工程で検出できない部位を検出！

図7.16 仕上げ作業のFMEA工程評価とFMEA評価

　同業他社を「ベンチマーキング」したところ,G社では1工程保証ができていることがわかりました.こうした取り組む必要性を,緊急性,重要性の面から調査・整理した結果を表7.2にまとめました.

表7.2 取り組む必要性の調査結果

区分	項目	調査結果
緊急性	ナックル人員配置	磁気探傷2工程で4名作業.
	所要工数の比較調査	ナックルが4名で一番多くかかっている.
重要性	重要保安部品別調査	ナックル部品のみ磁気探2工程を実施.
	ベンチマーキングの調査	同業他社も磁気探傷は1工程保証.
	FMEA工程評価	磁気探傷1工程では重大不具合の危険性大.

　活動計画は,関連部署(品質保証部や技術課,メーカー)と連携を取りながら進めることと,若手の寺戸君を全ステップの副担当にすることを織り込み,「ガント・チャート」で作成しました(図7.17参照).

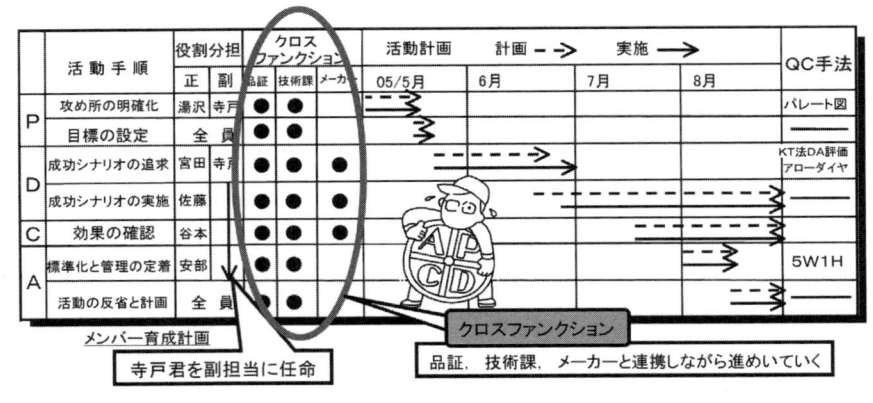

図 7.17 活動計画の作成

ONE POINT

◆取り組む必要性の明確化で，テーマの緊急性や重要性，なかでも同業他社の「ベンチマーキング」で目標の要求レベル設定をしている点は大いに参考になります．加えて，自分たちで勉強した「FMEA」で工程評価を行い，工程で予測される不良モードを抽出し，その影響や評価，対応策を考察して，仕上げ工程の信頼度を確認しているところは，品質保証を意識しながら工数低減に取り組もうとするサークルの質の高さを感じさせます．

ステップ2　攻め所の明確化と目標の設定

攻め所を洗い出すために 4M の観点で調査・把握しました．割れの不具合流出はないが，1工程で大半の不適合品を検出しているものの，2工程（2回目）でも 13％が発見されています．2工程で検出した部位は，1工程では蛍光の鮮明度が薄く，検出を難しくしていたようです．その要因である電流の流れを鮮明度の薄い部位に着目して調べてみると，ナックルスピンドルでは「電極盤が当たっていなかったこと」により，ナックルステアリングでは「磁化ケーブルが独立でなく，結線されていたこと」によって，電流の流れの不十分な部位があった可能性があることがわかりました．

調査項目ごとに現状レベル，要求レベルを整理し，そのギャップから攻め所

「課題達成」を効果的に活用するために

候補を洗い出し，「攻め所選定シート」にまとめました．攻め所候補を評価して攻め所を3項目選定し，目標を「ナックル部品の磁気探傷検査を2005年10月末までに1工程保証にする」ことに決定しました（図7.18参照）．

◎＝3点　○＝2点　△＝1点

テーマ特性	現状レベル	要求レベル	達成レベル		ギャップ可能性解消	期待効果	職場の対応力	得点	順位
磁気探傷検査	2工程保証	1工程保証	1工程保証						

	把握項目	現状レベル	要求レベル	ギャップ	攻め所候補	ギャップ可能性解消	期待効果	職場の対応力	得点	順位
攻め所選定シート	前工程不良率調査	不良率0.5%	不良率0.5%以下	ギャップなし	───	─	─	─	─	─
	過去3年間不具合調査	磁気探傷不具合ゼロ継続中	磁気探不具合ゼロ	ギャップなし	───	─	─	─	─	─
	作業者別検出調査	作業者不適合を検出している	全作業者全数検出	ギャップなし	───	─	─	─	─	─
	作業者別検出能力調査	全作業者全数検出	全作業者全数検出	ギャップなし	───	─	─	─	─	─
	部品別不適合発生調査	部品磁気探傷2工程で検出	磁気探1工程全数検出	検出漏れ	保証部位を見直す	◎	◎	◎	9	1
	不適合部位鮮明度調査	鮮明度ランク1，2部位有	鮮明度ランク3以上	鮮明度ランク1,2部位	割れ鮮明度向上	◎	◎	◎	9	1
	磁化電流の流れ調査	部品全体に流れてるか不明	部品全体に流れる事	電流の流れ	磁化通電方法改善	◎	◎	◎	9	1
	ナックル部品作業方法	磁気探2工程で工数4.0名	1工程保証で工数2名	工数2名	保証部位を見直す	◎	◎	◎	9	1

図7.18 「攻め所選定シート」

ONE POINT

◆ 4M（人，材料，設備，作業方法）の切り口で調査項目を決め，ていねいに現状レベルと要求（要望）レベルを明確にし，そのギャップから大きく捉えた攻め所候補を考え出しています．攻め所の評価絞り込みでは，発想豊かな方策につなげるためにも実現性にしばられない評価項目を設定しているのがポイントです．

ステップ3　方策の立案

PTAや技術員を交えた方策ファミリー会議でアイデアを出し合った結果，ナックルスピンドルでは「磁化機の電極線を増設して磁化電流を均等に流す」，ナックルステアリングでは「結線部分を分散させて部品全体に電流を流す」にまとまりかけたのですが，技術員から改造コスト増大で無理と指摘されてしま

いました．そこに，上司から「部品をどちらかのラインに集約することも考えたら…」とアドバイスがあり，さっそく「KT法DA評価」(ケプナー・トリゴー法決定分析評価)を活用して検討した結果，改造コストが安く，25車種の生産に対応可能なナックルスピンドルラインに集約しつつ，検出力を向上することにしました(表7.3参照)．

さらに，関係部署を巻き込んで方策展開型系統図で方策を洗い出した結果，

表7.3 「KT法DA評価」による部品集約ラインの選定

検討項目 \ 選定ライン		1案 ナックルスピンドルラインに部品集約			2案 ナックルステアリングラインに部品集約		
MUST項目		可能か？	GO／NO		可能か？	GO／NO	
部品集約しても負荷オーバーにはならないこと		2ラインの合計負荷率は98%なので問題なし	GO		2ラインの合計負荷率は98%なので問題なし	GO	
WANT項目	W重み	検討結果	Sスコア	S×W	検討結果	Sスコア	S×W
改善コスト	5	1000万円以上	2	10	200万円	5	25
生産可能車種	3	31車種中6車種	1	3	25車種	3	9
サイクルタイム	2	0.245分	2	4	0.245分	2	4
TOTALスコア				17			38

関係部署を巻き込んで検討
参加メンバー：サークル員，品質保証部，技術員
◎＝3　○＝2　△＝1

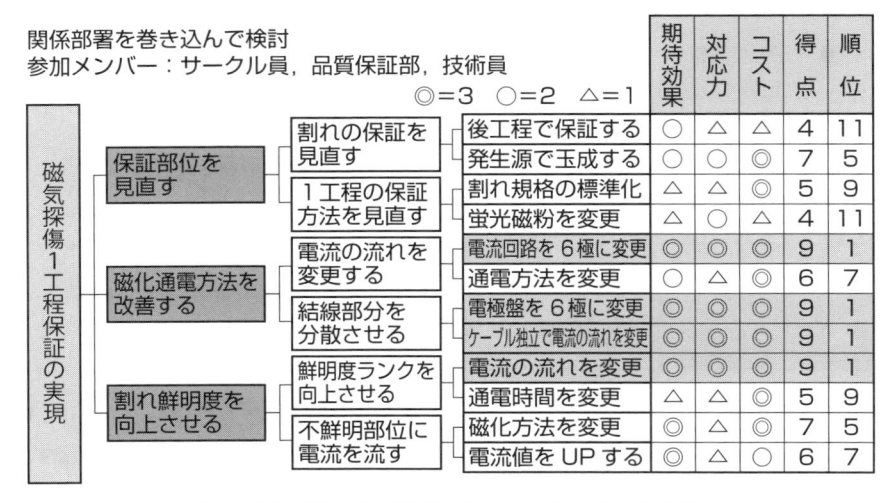

磁気探傷1工程保証の実現			期待効果	対応力	コスト	得点	順位
保証部位を見直す	割れの保証を見直す	後工程で保証する	○	△	△	4	11
		発生源で玉成する	○	○	◎	7	5
	1工程の保証方法を見直す	割れ規格の標準化	△	○	◎	5	9
		蛍光磁粉を変更	△	○	△	4	11
磁化通電方法を改善する	電流の流れを変更する	電流回路を6極に変更	◎	◎	◎	9	1
		通電方法を変更	◎	△	○	6	7
	結線部分を分散させる	電極盤を6極に変更	◎	◎	◎	9	1
		ケーブル独立で電流の流れを変更	◎	◎	◎	9	1
割れ鮮明度を向上させる	鮮明度ランクを向上させる	電流の流れを変更	◎	◎	◎	9	1
		通電時間を変更	△	○	◎	5	9
	不鮮明部位に電流を流す	磁化方法を変更	◎	△	◎	7	5
		電流値をUPする	◎	△	○	6	7

図7.19 「方策展開型系統図」による方策の立案

「課題達成」を効果的に活用するために

「磁化機の2次側電流回路と電極盤を4極から6極に変更する」ことと，「電極盤の結線部分を分散させて，電流の流れを変更する」が高得点となり，採用することになりました（図7.19参照）．

方策案の進め方を検討中，現在の電流計は各部位のトータルアンペアを表示するため，各部位ごとの電流値がわからないので，「電流が本当に流れているか確認できない」問題に突き当たりました．そうした中，意欲に燃えるサークルメンバーが「各部位ごとに電流計を設置してはどうか」というアイデアを提案．全員が賛同したので，技術員がメーカーに提案し，協議の結果，通電検知機増設で決着できました．

ONE POINT

◆アイデア会合の工夫や「KT法」「系統図」といった手法の活用，壁をぶち破るアイデア出しに燃えるサークルメンバーなど，まさに課題達成にふさわしい方策立案のステップです．とくに，「KT法 DA評価」という多くの案から最適策を決定する思考・決定方法の活用は効果的・効率的でした．方策案の絞り込みは，いろいろな切り口の効果にだけ着目して評価するとよいでしょう．

ステップ4　成功シナリオの追究

成功シナリオの流れは，まずナックルステアリングを1工程保証にする→ナックルスピンドルを集約する→ナックルスピンドルに水平展開する→ナックル部品の全数1工程保証を実現する，ことにしました．改善スピードを上げるため，関係部署を巻き込んで2チーム編成とし，図7.20のように「PDPC法」で進め方を明確にしました．

①磁化機本体の改造，②電極盤の改造，③通電検知装置の最適設置，④割れの傾向を再現した人口疵のサンプル作成，による割れ検出力向上の実行計画を作成し，改善効果の確認をすることにしました（図7.21参照）．

通電不良などの障害に悩まされながらも，すべての障害を排除するめどがたちました（表7.4参照）．

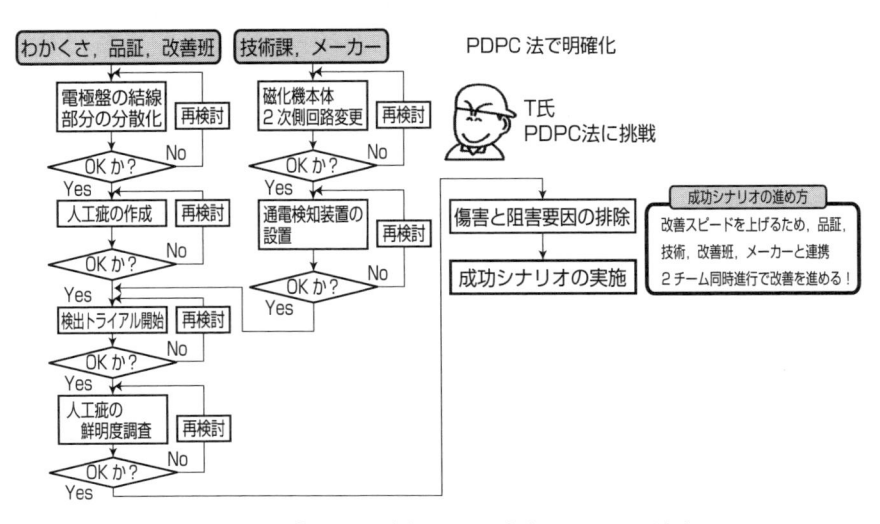

図 7.20 「PDPC 法」による成功シナリオの追究

図 7.21 ナックルステアリングライン検出力向上の実行計画

表 7.4 「障害排除検討表」

改善項目	障害	障害排除	判断
電極盤	2次側電極の増設 段取作業に支障が出る	検証結果問題なし	○
通電検知装置	他の部位でも電流が設定値まで上がらず、通電不良が多発する	電極盤全体の見直しを実施してポールを設置済み	○
割れの検出力	気づかないトラブルで割れが検出できない	作業前、マスターチェックで割れ確認	○

ONE POINT

◆改善の早期解決をねらって、サークル以外の力も借り複数のチームを編成して成功シナリオを追究したのは素晴らしい工夫です．ここでも「PDPC法」や「アロー・ダイヤグラム法」「障害排除検討表」などのツールを活用して効率的に活動を進めています．

ステップ5　成功シナリオの実施

　図7.22のように成功シナリオの実行計画を作成し，トライアルを開始した結果，通電不良もなく計画通り立ち上げることができました．実施後4ヵ月間の2工程での不適合は検出されず，1工程の磁気探傷検出力向上が検証できました．副作用も全項目問題がないことを確認しました（表7.5参照）．

　活動を開始して、7ヵ月後の2005年11月にナックルステアリングで，2006年2月にはナックルスピンドルで磁気探傷検査2工程を廃止でき，1工程保証が実現できました．

ONE POINT

◆このサークルのように，成功シナリオの実施のステップでも，新たに障害や副作用が懸念される場合は，その排除策をしっかり検討する必要があります．

何　を	誰　が	どうする	'05 日　程 7月　8月　9月　10月　11月　12月
検出力確認	わかくさ	マスターチェック	マスターチェック①→マスターチェック④→マスターチェック⑥→マスターチェック⑧
検出力向上確認	わかくさ,品質保証部	2工程で品質確認	品質確認②→品質確認⑤→品質確認⑦→品質確認⑨→⑩→磁気探傷2工程廃止⑪
通電不良の対応	わかくさ,技術課,メーカー	通電不良時検証と対策	③　　通電不良時の対応

図7.22　成功シナリオの実行計画

表 7.5 「副作用の確認調査シート」

改善項目	確 認 項 目	確 認 結 果	判 断
磁化機本体	磁化機2次側の増設により負荷がかかり，故障する	検証結果設備に異常負荷はなし	問題なし
電極盤	曲がり防止ポール設置で電極盤の摩耗が早くなる	電極盤にはクッションがあり，異常摩耗はない	問題なし
通電検知装置	過電流が流れた時，通電検知を破損させる	電流設定は従来のもので行うため，問題なし	問題なし

さらに！　今後，予想される障害も検討，対応

ステップ6　効果の確認

　ナックル部品の1工程保証を実現でき，最終的には目標値を上回る3名の工数削減がはかれました．有形効果は575万円／年，無形効果は電流計増設による品質信頼性の向上などです（図7.23参照）．活動後のFMEA工程評価では，1工程の検出力向上で不具合流出危険指数を大幅に改善したことが確認できました．サークル診断の結果，若手の成長とサークルの改善意欲や解析力が向上しました．

05年度　工数低減活動

2工程廃止後

目標値を上回り3名削減！

（目標値16人）

月別生産人員推移グラフ

有形効果　　1,912,965円／年間
　　　　　　（ナックルスピンドルと合計で5,749,125円／年間）
無形効果　・磁気探傷1工程（100％）保証の実現による生産性向上！
　　　　　・電流計増設による品質信頼性の向上！

図7.23　効果の確認

ステップ7　標準化と管理の定着

　管理工程図工程表の改訂，ワンポイントレッスン，マスターチェックによる効果の維持管理などを5W1Hで計画的に実施しました（図7.24参照）．

　効果の拡大をねらって，今回設置できた通電検知装置を仕上げ工場の全磁気探傷ラインに水平展開中です．

5W1H　　　作成：佐藤

何　を	な　ぜ	誰　が	どこで	い　つ	どうする
管理工程図工程表	磁気探傷2工程廃止	技術員	技術課	05.11.29	改　訂
ワンポイントレッスン	磁化方法方法変更	安　部	現　場	05.7.03	作　成
品質保証	不具合防止	佐　藤	↑	05.07.04	再指導
マスターチェック	↑	作業者	↑	部品切り替り時	人工疵鮮明度チェック

通電検知装置の水平展開

図7.24　5W1Hによる標準化と管理の定着

7-3
課題達成の"べし""べからず"

　課題達成型の普及につれて，参考にできる優れた活用事例をたくさん目にするようになりました．その一方で，本来の活用方法を逸脱していたり，誤解して使っているケースも見受けられます．ここでは，課題達成をできるだけうまく活用していただくために，注意してほしいことや禁じ手の主なものを紹介しますので，理解の一助にしてください．

テーマの選定

> 課題達成型に適切なテーマを選択する**べし**

　サークルの中には，「"課題に取り組むから"課題達成型にしよう」とか，「"上司に指示されたテーマに取り組むから"課題達成型で活動しよう」と考えるケースが見受けられます．あるいは，明らかに問題解決型で取り組んだほうがよかったと思われる発表事例を見受けることがあります．
　課題達成型は第1章でも解説しているように，
① 今までに経験したことのない新しい業務の場合
② 新しいやり方の導入が必要になる場合
③ 従来のやり方の部分変更だけでは問題解決が不十分な場合（例：慢性不具合）

などに取り組む場合に適している手順です．課題という言葉だけに捉われずに，「改善手順選定法」を使って，課題達成を適用できるテーマかどうかしっかり判断しましょう．

「課題達成」を効果的に活用するために

> 「原因追究しないですむから課題達成型にしよう」と思う**べからず**
> 課題達成型と施策実行型を混同する**べからず**

　課題達成型手順のステップには，"要因解析（原因究明）"のステップがないので，要因解析するほどでもない簡単なテーマに課題達成型を適用しようとする考え方は誤りです．

　問題解決型は，問題や不具合現象を探って，分析・検証して，その原因を究明する分析的アプローチがもっとも重要な手順です．

　一方，課題達成型は現状に捉われずに発想重視でアイデアを膨らませて対応策を練り上げていく設計的アプローチが特徴です．

　施策実行型は，問題や不具合に対して要因や対策の方向が見えていて，目標を達成できる対策案がほぼわかっている場合に適用するので，"要因解析"をしないとはいっても，課題達成型とは根本的にそのアプローチ方法が違うものです．

　問題・課題の解決手順のこの3つの型をよく理解し，混同することなく，「改善手順選定法」を使って，テーマに最適の解決手順を選択するようにしましょう．

攻め所の明確化と目標の設定

> "今まで経験のない仕事"でも「現状レベル」（現在の姿）を省略する**べからず**

　"今まで経験のない仕事"でも，「攻め所の明確化」の実施手順で示している「現状レベル」が必ずあるものです．たとえば，類似のこと（やり方，作業，商品・製品など）や関連することの情報やデータを「現状レベル」として活用することができます．どうしてもない場合は，"なし"という情報・データを「現

状レベル」と考えることでもよいでしょう．検討することを省いて，「現状レベル」を把握しないと「要望レベル」(ありたい姿)とのギャップが明確にならず，攻め所のポイントがずれる可能性があります．

「要望レベル」と「現状レベル」の把握漏れがないかどうかをチェックするには，「攻め所選定シート」を活用するとよいでしょう．

「攻め所候補」は大きく捉えるべし

「攻め所候補」は方策そのものではなく，ギャップを解消し，テーマの特性の達成レベルを実現させる方策案出しの範囲や領域，着眼点を指すものなので，大きく捉える必要があります．

「要望レベル」や「現状レベル」を把握する際に枝葉末節の細かな捉え方をすると，その「攻め所候補」も狭い範囲のより具体的なものになってしまい，「方策の立案」でアイデアや方策をたくさん出せなくなり，目標が達成できなくなる恐れがあります．具体的な方策は，次の「方策の立案」のステップで検討するので，「攻め所候補」は方策案を考える方向や範囲が判断できる程度でよいのです(表7.6参照)．系統図でいえば，3次に対して2次，2次に対して1次の表現が，より大きく捉えた表現といえます．

表7.6 攻め所候補の表現事例

ギャップ例	攻め所候補例	
	小さくとらえた攻め所	大きくとらえた攻め所
耐久実験所要日数を半減する必要がある	耐久ライン数を増やす	短期間でできる耐久実験方法を開発する
	<解説>コストのかかるライン数だけにこだわらずに，幅広く考えられる攻め所にする	
患者様の待ち時間の不満が大きい	予約方式を導入する	待ち時間に不満を感じさせない方法を導入する
	<解説>予約方式では時間短縮だけになり，待っている間の不満解消ができない	

「攻め所候補」の絞り込みは実現性で評価する**べからず**

　「攻め所を決める」実施手順では，特性の達成レベル（目標）を実現するために，効果的な方向を設定できる「攻め所候補」を絞り込むことが目的です．

　この「攻め所候補」を絞り込むときに，これまでの経験や現有の知識・技術のみで実現できるかどうかを評価・判断すると，せっかく考えた画期的なアイデアが採用されず，目標が達成されない恐れがあります．これまでの職場の対応力では実現が困難であっても，研修や訓練，あるいは助力を得るなど他の方法で実現できる可能性もあるのです．

　そこで，「攻め所候補」を評価するには，「攻め所選定シート」を使って，評価項目としては"実現性"ではなく，"ギャップ解消の可能性"や"期待効果の大きさ"で評価するようにします．あるいはサークルの置かれた立場や状況によっては，"お客様要望への影響"とか"新規性""職場の対応力"などを評価項目に入れることも可能です．

方策の立案

「方策」を決め打ちして，少ないアイデアで満足する**べからず**

　「方策の立案」では「攻め所」に沿って，第4章を参考にして固有技術や知識をフル動員して，斬新なアイデアを出すことがポイントです．固定観念に縛られたり，自分たちでできそうなことに範囲を限定してしまうと幅の狭い少ない方策案しか思い浮かばず，発想の転換ができません．

　「下手な鉄砲，数打ちゃ当たる」といわれているように，斬新な方策は，たくさんのアイデアの中にこそ潜んでいるものです．とはいうものの，良い方策案を考え出すのは容易ではないので，事前の準備や訓練，会合の工夫などが大

事です．以下に，主な工夫・方法を紹介します．

① **固有技術のレベルアップ・関連情報の収集**

アイデアは過去の経験や現有の技術・知識などの元ネタを応用したり，組み合わせや発展形から生み出されることが多いので，日ごろから意識的に自己研鑽に励み，経験・体験を積み重ね，関連する情報収集を怠らない努力が必要です．

② **アイデア発想法や QC 七つ道具の活用**

アイデア出しでもっとも有効なものとしてアイデア発想法があります．主なものとして，「ブレーン・ストーミング法」「ブレーン・ライティング法」「希望点列挙法」「欠点列挙法」「チェックリスト法」「焦点法」があり，詳細は第4章を参照しながら活用してみてください．このほかにも QC 七つ道具の「特性要因図」や新 QC 七つ道具の「親和図法」「系統図法」なども有効です．

③ **日ごろのアイデア発想訓練**

アイデア発想は演習・研修などを行い，日ごろからアイデアを出しやすくしておくと，肝心なときにアイデアをたくさん出すことができます．また，アイデアを拒む3つの関(認識の関，文化の関，感情の関)を意識的に打破できれば，たくさんのアイデアが出せます．

④ **グループでアイデア発想**

アイデア出しは個人任せでなく，集団で知恵を出し合うほうがたくさんの良いアイデアが出しやすいものです．しかも，メンバーに同質の人ばかりでなく，異質(ほかの職場・職種など)の人が入ると発想転換がしやすいといわれています．

「方策案」の評価でも実現性にこだわる**べからず**

課題達成型で取り組むテーマは，初めて取り組む新しい業務やいままであまり経験しなかったこと，これまで何回も取り組んで解決できず現状打破が必要な場合などです．これらに対処するには，ありきたりの方策では解決が困難で

あり，思い切った発想転換のアイデアが必要です．既知の技術や枠組みに捉われない対応策は，リスクがあったり，実現が困難かもしれませんが，そうした障害や副作用（他への悪影響）を乗り越えて成功シナリオ（最終対策）をものにするのが課題達成型の特徴です．

問題解決型手順の対策案の評価と同じように「実現性」や「サークルの力」などで安易に評価してしまうと，経験的に実現が難しい，多くの良いアイデアを早い段階で捨ててしまい，結果的に目標が達成できなくなるなどの恐れがあります．

そこで，課題達成型では方策案を「マトリックス図」などに整理して期待効果（予想効果）だけで評価し，実現困難と思われる方策でも粘り強く障害や副作用を除去できるように検討しながら，成功シナリオを追究しましょう．次の「成功シナリオの追究」のステップで，シナリオの絞り込みや総合判断の際に，実現性で評価することは問題ありません．

期待効果はテーマによっては一つとは限りません．たとえば，目標にした特性以外にも QCDPSME など別の特性効果も同時にねらうこともあります．図7.25 では期待効果と即効性，経済性を同時に評価しています．

目的		・バラバラに営業せず，アプローチ方法を統一 ・「ベテラン営業の知識」を共有化 ・アプローチブックの作成	評価 ◎:3点,○:2点,△:1点 評価者5名・15点満点				
	攻め所の候補	方策立案	期待効果	即効性	経済性	総合評価	採否
アプローチ方法	アプローチ方法の充実	アプローチする日を決める	11	13	13	37	否
		アプローチのトーク内容を決める	14	13	15	42	採
		具体的にアプローチする顧客をリスト化	13	14	15	42	採
		ランク別訪問計画表，および実績表の作成	12	12	15	39	採
		DMの内容を決めて発送	7	11	8	26	否
		発送者リストの作成	10	12	13	35	否
		アンケートを同封	12	9	9	30	否
		アプローチトーク集の作成	14	14	15	43	採
		ツールを使用したアプローチロープレ実施	12	13	15	40	採
		ストーリーに沿った共有ツールの作成	13	14	14	41	採
		アプローチブック作成	13	15	14	42	採
期待効果		①高いレベルの営業トークの共有化 ②具体的に提案可能な顧客をリスト化して提案効率アップ ③建替えまでのストーリーを持った提案ができる ④ロープレで実践力アップ ⑤ツールを共有化して，提案準備の短縮					

図 7.25　方策の立案と評価

（出典：ポラスグランテック㈱「おしゃれ資産税サークル」，『QC サークル』誌 2006 年 4 月号 体験事例 3，日本科学技術連盟）

7章

成功シナリオの追究

「成功シナリオ」の障害や副作用（悪影響）のチェックを忘れる**べからず**

　発想を転換して得られた方策（アイデア）に基づく成功シナリオは効果が大きく，あるいは新規性が高いほど，障害や副作用がたくさんあると考える必要があります．障害や副作用の捉え方と予測・検討方法を表7.7に示します．こうした検討を省いたり，検討範囲が狭いままにすませると実施段階で問題が起きたり，壁にぶつかったりして実現困難になってしまいます．成功シナリオ案によっては「障害・副作用排除検討表」を活用して，上司の助けを借りたり，関係者の支援を受けたり，文献や資料を調査するなどして，障害・副作用の検討・対処をしていくようにしましょう．

表7.7　障害・副作用の検討方法

分類	捉え方	予測・検討方法	例
障害	方策やシナリオの実施を妨げたり，困難にさせるもの	・障害の有無を頭で考えたり，系統図法やPDPC法，メリット・デメリット表などを使って洗い出したり，対応策を考える．技術的な解析ではFTA（Fault Tree Analysis：故障の木解析）やFMEA（Failure Mode and Effect Analysis：故障モード影響解析）が活用できる． ・頭で考えたり，シミュレーションだけでは検討不十分の場合は，実際に試行や実験で確認する．	新製造方法の導入 ↓ 新搬送装置の考案 ↓ 課の予算不足 ↓ 発注せず装置を自主製作
副作用	方策やシナリオを実施することで生じる恐れのある他への悪影響	・上記と同様の考え方・手法を活用して予測したり，検討する． ・他への影響検討なので，シミュレーションが有効である．	待ち時間の大幅減少 ↓ 予約制度の導入 ↓ 告知を広報部署へ依頼

「課題達成」を効果的に活用するために

> 「方策の立案」と「成功シナリオの追究」を混同して同時に実施する**べからず**

　「方策の立案」ではたくさんの方策案（アイデア）を出して評価し，期待効果の大きな方策を絞り込み，次の「成功シナリオの追究」で効果の大きな成功シナリオにまとめあげるために，各ステップの実施手順に沿って実行していくことが，結局早道です．両ステップを一つにして，たくさんある攻め所や方策案から，そのつど続けて成功シナリオ案を検討していくと，効果の小さな検討するまでもない方策の成功シナリオを追究することになって，非効率であり，最適の成功シナリオにたどり着くのが遅れる恐れがあります．また，絞り込んだ方策のいくつかを組み合わせて成功シナリオを育て上げることもできなくなってしまいます．

　ただし，比較的検討領域の狭いテーマに取り組み，攻め所も方策案の数が少ないケースでは，「方策の立案」で出した方策案を評価しないでそのまま続けて成功シナリオ案を検討し，その後，効果の大きなシナリオ案を評価し，絞り込んでもよいかもしれません．この場合には，図7.26のような「方策立案・成功シナリオ追究表」を活用することで，「方策の立案」と「成功シナリオの追究」のつながり・関連を理解しながら，両ステップを続けて取り組むことができます．

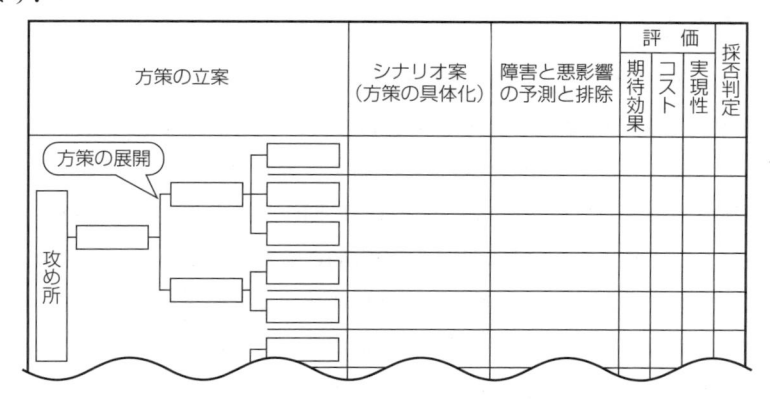

図7.26　「方策立案・成功シナリオ追究表」の例

効果の確認

> 「効果」が目標未達成の場合は，戻ってやりなおす**べし**

　目標が未達成の場合には，どこのステップに戻ってやり直すかが重要です．どこに問題があったかを振り返り，該当するステップに戻って再検討するようにします．

　まずは，成功シナリオの実施計画の中で実施漏れがあれば，未実施の項目を実行します．漏れなく実施している場合は，「成功シナリオの追究」あるいは「方策の立案」に戻って，成功シナリオや方策を追加・検討し，新成功シナリオを実行します．それでも未達成の場合は「攻め所の明確化と目標の設定」まで戻ってやり直します．

　複雑な未達成の原因調査が必要になったり，途中で思わぬ問題に突き当たった場合には「問題解決型」を活用するほうがよいことがあります．

標準化と管理の定着

> 課題達成型でも「標準化と管理の定着」をしっかり実施する**べし**

　「標準化と管理の定着」は，基本的にはどの問題解決の手順でも「5W1Hマトリックス図法」などを使って確実に実施すべきものです．

　課題達成型の場合は新規業務や現状打破に関する改善が主体であり，実施すべき方策・シナリオも多岐にわたり，内容的にも新規性が高く，システムや仕組みに影響を及ぼすケースが多いので，標準化をより慎重に実施する必要があります．しかも，一回の展開で定着させることが難しいので，完全に定着するまで粘り強く，見直しもしながらフォローすることが重要です．

引用・参考文献

1) 綾野克俊監修, QCサークル神奈川地区課題達成研究会編, 『課題達成実践マニュアル―改訂第2版―』, 日科技連出版社, 2001年.
2) 細谷克也編著, 『すぐわかる問題解決法』, 日科技連出版社, 2000年.
3) 新QC七つ道具研究会編, 『やさしい新QC七つ道具』, 日科技連出版社, 1984年.
4) 狩野紀昭監修, 新田 充編, 『QCサークルのための課題達成型QCストーリー―改訂第3版―』, 日科技連出版社, 1999年.
5) 石川 馨 監修, 『管理技術ポケット辞典』, 日科技連出版社, 1981年.
6) 小野寺 勝重著, 『FMEA手法と実践事例』, 日科技連出版社, 2006年.
7) 杉浦 忠, ほか編著, 『こんなにやさしいアイデア発想法』, 日科技連出版社, 1999年.
8) 大藤 正, 小野満照, 赤尾洋二著, 『品質展開法(1)』, 日科技連出版社, 2006年, p.75.
9) 赤尾洋二編, 『品質展開活用の実際』, 日本規格協会, 1988年.
10) 高橋 誠編著, 『新編創造力事典』, 日科技連出版社, 2002年.
11) 「連載 生きたデータの取り方, 使い方」, 『QCサークル』誌2000年6月号, 日本科学技術連盟.
12) 日産自動車㈱「PBサークル」, 『QCサークル』誌2001年9月号 体験事例1, 日本科学技術連盟.
13) コニカ㈱「AP-50合同サークル」, 『QCサークル』誌2002年1月号 体験事例1, 日本科学技術連盟.
14) 日産自動車㈱「デンシマンサークル」, 『QCサークル』誌2002年2月号 体験事例1, 日本科学技術連盟.
15) 関西電力㈱「チャレンジアップサークル」, 『QCサークル』誌2003年2月号 体験事例1, 日本科学技術連盟.
16) 関西電力㈱「カメレオンサークル」, 『QCサークル』誌2003年9月号 体験事例1, 日本科学技術連盟.
17) 日産自動車㈱「クライムサークル」, 『QCサークル』誌2004年4月号 体験事例1, 日本科学技術連盟.

18) 本田技研工業㈱「釜炊きマンサークル」,『QC サークル』誌 2004 年 5 月号 特集の事例, 日本科学技術連盟.

19) ㈱神戸製鋼所「アクティブパワーサークル」,『QC サークル』誌 2004 年 7 月号 体験事例 3, 日本科学技術連盟.

20) 日産自動車㈱「クリーンワールドサークル」,『QC サークル』誌 2005 年 6 月号 体験事例 2, 日本科学技術連盟.

21) タカノ㈱「人人サークル」,『QC サークル』誌 2006 年 3 月号 体験事例 3, 日本科学技術連盟.

22) ポラスグラテック㈱「おしゃれ資産税サークル」,『QC サークル』誌 2006 年 4 月号 体験事例 3, 日本科学技術連盟.

23) 航空自衛隊第 2 航空団「Key Point サークル」,『QC サークル』誌 2006 年 5 月号 特集の事例, 日本科学技術連盟.

24) 東日本旅客鉄道㈱「スイートポテトサークル」,『QC サークル』誌 2007 年 4 月号 ワンポイント事例, 日本科学技術連盟.

25) 長野電子工業㈱「おひざもとサークル」,『QC サークル』誌 2007 年 5 月号 体験事例 3, 日本科学技術連盟.

26) コニカミノルタエムジー㈱「ちえの輪サークル」,『QC サークル』誌 2007 年 12 月号 ワンポイント事例, 日本科学技術連盟.

27) オンダ国際特許事務所「3D 戦隊 CAD レンジャーサークル」,『QC サークル』誌, 2007 年 12 月号 体験事例 1, 日本科学技術連盟.

28) 日産自動車㈱「わかくさサークル」,『QC サークル』誌 2008 年 4 月号 体験事例 3, 日本科学技術連盟.

29) 日産自動車㈱「わかくさサークル」,『QC サークル』誌 2008 年 4 月号 体験事例 3, 日本科学技術連盟.

30) ㈱望星薬局「彩香 3 ヶ月サークル」,『QC サークル』誌 2008 年 8 月号 体験事例 1, 日本科学技術連盟.

31) ㈱日立グローバルストレージテクノロジーズ「25TEST サークル」,『QC サークル』誌 2009 年 3 月号 体験事例 1, 日本科学技術連盟.

32) コマツ『QC サークル』誌 2010 年 4 月号, 日本科学技術連盟.

33) QC サークル北海道支部主催, 第 3139 回 QC サークル大会, いすゞ自動

車㈱北海道工場(現 いすゞエンジン製造北海道㈱)「ドリーマーサークル」発表資料.
34) QCサークル関東支部神奈川地区主催,第3573回QCサークル大会,北辰工業㈱「EDPサークル」発表資料.
35) QCサークル関東支部神奈川地区主催,第3780回QCサークル大会,日産自動車㈱「パフォーマンスサークル」発表資料.
36) QCサークル関東支部神奈川地区主催,第3940回QCサークル大会,日産自動車㈱「COOLSサークル」発表資料.
37) QCサークル関東支部神奈川地区主催,第4100回QCサークル大会,市光工業㈱「あ・うんサークル」発表資料.
38) QCサークル本部主催,第4970回QCサークル大会,関西電力㈱「火のくるまサークル」,発表資料.
39) QCサークル近畿支部兵庫地区主催,第5064回QCサークル大会　白鶴酒造㈱「やっと出たサークル」発表資料.
40) QCサークル本部主催,第5090回QCサークル大会,日産自動車㈱「パワフル／アドベンチャーサークル」発表資料.

索　引

【英数字】

5W1Hによる標準化と管理の定着　193
5W1Hマトリックス図法　162
　　——とは　162
　　——の活用事例　162
　　——の使い方　162
KT法DA評価　188
FMEA　136
　　——とは　136
　　——の活用事例　139
　　——工程評価　185
　　——工程評価とFMEA評価基準　140
　　——の作成手順　136
　　——のワークシート　137
　　——評価　185
PDPC法　160
　　——とは　160
　　——による成功シナリオの追究　190
QCストーリー　2
QCDPSME　33
QC七つ道具　67, 165
　　——とは　165
　　——の活用事例　165
　　——の使い方　165
SD法　65
SWOT分析　83
　　——結果　86
　　——とは　83
　　——の作成手順　83, 85
　　——マトリックス　85

【あ】

アイデア発想法使用上のポイント　90
アイデアツール　91
アイデア発想法の分類　91
ありたい姿と現在の姿の把握　19
アロー・ダイヤグラム法　156
　　——とは　156
　　——の記号の意味　157
　　——の作成手順　156
　　——の作成モデル　157
　　——の活用事例　158
アンケート調査　62
　　——と親和図法　64
　　——とは　62
　　——のやり方の手順　62
　　——の活用事例　63
オズボーンのチェックリストの活用事例　114

【か】

改善手順選定法　42
　　——とは　42
　　——の活用事例　43
　　——の活用手順　43
改善手順選定フローチャート　42
改善手順の選択　6, 17
　　——のポイント　32
課題解決型のステップと実施手順　5
課題達成活動事例に学ぶ　172
課題達成に有効なツール　15
課題達成型の実施手順　15

活動計画書　　174
活動計画の作成　　186
ガント・チャート　　44, 154
　　――とは　　44, 154
　　――の基本的な書き方　　44
　　――の活用事例　　45, 155
　　――の作成手順　　45, 154
　　――を使った実施計画　　155
　　――を用いた日程計画　　46
管理の定着　　14
管理の定着マトリックス図　　163
期待効果の予測　　11
希望点列挙法　　104
　　――とは　　104
　　――の事例　　107
　　――の進め方　　104
ギャップと攻め所の明確化　　20
ギャップの把握　　9
系統図法　　97
　　――とは　　97
　　――の作成手順　　97
　　――の活用事例　　100
系統・マトリックス図　　100
欠点列挙法　　108
　　――とは　　108
　　――の事例　　110
　　――の進め方　　108
現状レベルの把握　　8
効果の確認　　13, 27, 181, 192, 202
　　――の主な流れ　　13
　　――のポイント　　153

【さ】

実行計画の作成　　12, 24
シナリオの検討　　11

障害排除検討表　　190
障害・副作用の予測と排除　　12
　　――のポイント　　125
障害・副作用排除検討表　　130
　　――とは　　130
　　――の活用事例　　131
　　――の作成手順　　131
障害・副作用の検討方法　　200
周知徹底　　14
焦点法　　115
　　――とは　　115
　　――の進め方　　115
　　――の活用事例　　117
新QC七つ道具　　67
成功シナリオにおける使い方と活用事例　　160
成功シナリオの実施　　12, 13, 24, 180, 191
　　――のポイント　　152
　　――の主な流れ　　12
成功シナリオの選定　　12
成功シナリオの追究　　11, 23, 177, 189, 200
　　――の主な流れ　　11
　　――の実施手順と有効なツール　　124
　　――のポイントとツール　　124
　　――ワークシート　　146
　　――とは　　146
　　――の活用事例　　147
　　――の作成手順　　146
成功シナリオの実行計画書　　159
成功シナリオの実施～標準化と管理の定着までの実施手順と有効なツール　　152

成功シナリオの実施〜標準化と管理の定
　着のポイントとツール　152
攻め所候補の表現事例　196
攻め所候補を考える　9
攻め所選定シート　21, 75, 82, 174,
　187
　——とは　75
　——の作成手順　75
　——の作成ポイント　77
攻め所の明確化　6, 19, 20
　——と目標の設定　6, 186, 195
　——と目標の設定の主な流れ　6
　——と目標の設定の実施手順と有効な
　ツール　48
　——と目標の設定のポイントとツール
　48
　——の細部手順　7, 49
　——のポイント　48
攻め所を決定する　9
全体活動計画の作成　6, 18
全体特性の把握　7
層別　51
　——とは　51
　——の項目例　51
　——の着眼点　52
　——のやり方の手順　53
　——の活用事例　54
　——メリット・デメリット表　135

【た】

チェックリスト法　112
　——とは　112
チェックリスト法の進め方　112
チェックリストの種類　112
調査項目選定表　56, 57

　——とは　56
　——の活用事例　56
　——の作成手順　56
調査項目の決定　7
テーマの洗い出しチェックリスト　41
テーマの選定　5, 17, 172, 183, 194
　——表　41
　——の主な流れ　5
　——理由の明確化　6, 18
　——理由の明確化のポイント　32
　——のポイントとツール　30
　——の実施手順と有効なツール　30
　——マトリックス　39, 184

【は】

標準化　14
　——と管理の定着　14, 28, 164, 181,
　193, 202
　——と管理の定着の主な流れ　14
　——と管理の定着のポイント　153
ビジュアル・コネクション法　118
　——の活用事例　121
　——の進め方　118
　——とは　118
ビジュアル・コネクションシート　119
品質表　141
　——とは　141
　——の活用事例　145
　——の作成手順　142
副作用の確認調査シート　192
ブレーン・ストーミング法　92
　——とは　92
　——を実施した例　94
　——の進め方　93
ブレーン・ライティング法　101

――とは　101
　　――の進め方　101
ブレーン・ライティングシート　101
　　――記入例　103
フローチャート　160
ベンチマーキング　58
　　――とは　58
　　――のエピソード　58
　　――の活用事例　60
　　――のやり方の手順　59
方策案から成功シナリオへの展開方法のポイント　124
方策案の絞り込み　10, 22
　　――のポイント　89
方策案の列挙　10, 22
方策案の列挙のポイント　89
方策展開型系統図による方策の立案　188
方策の立案　10, 22, 175, 187, 197
　　――におけるアイデア出しの手順　88
　　――の主な流れ　10
　　――の実施手順と有効なツール　88
　　――のポイントとツール　88
　　――・成功シナリオ追究表の例　201

【ま】

マトリックス図　179
　　――で評価・絞り込み　96
メリット・デメリット表　133
　　――とは　133
　　――の活用事例　134
　　――の作成手順　133
無形効果の把握　13
目標の設定　9, 21
　　――のポイント　50
問題解決に有効な3つのアプローチ　3
問題解決の手順　2, 4
問題・課題の洗い出し　5, 17
　　――のポイント　30
問題・課題の絞り込み　5, 17
　　――のポイント　31
問題・課題絞り込み評価表　38
　　――とは　38
　　――の活用事例　39
　　――の作成手順　38
問題・課題選定シート　35, 36
　　――とは　36
　　――の作成手順　36
　　――の活用事例　37
問題・課題発掘チェックリスト　33, 35
　　――とは　33
　　――の活用事例　35
　　――の作成手順　34

【や】

有形効果の確認　13
要望レベルの把握　8

【ら】

レーダーチャート　168

執筆担当

綾 野 克 俊…まえがき，第1章，第2章
　　　　　　東海大学 政治経済学部 経営学科 教授

飯 田 庄 三…第4章
　　　　　　元 NTTデータ東京SMS

井 上 喜 義…第5章
　　　　　　井上KAIZEN研究所代表，元 出光興産

下 田 敏 文…第3章（ツール5～7）
　　　　　　日産自動車㈱生産事業本部 生産人事部 シニアエンジニア

福 島 光 彦…第3章（ツール1～4）
　　　　　　光彦問題解決研究所 所長

山 上 隆 男…第1章，第6章，第7章
　　　　　　総合学園ヒューマンアカデミー 原宿校・渋谷校 校長

課題達成に役立つツール

2010年6月30日　第1刷発行

編著者　綾　野　克　俊
著者　　飯　田　庄　三
　　　　井　上　喜　義
　　　　下　田　敏　文
　　　　福　島　光　彦
　　　　山　上　隆　男
発行人　田　中　　健

検印省略

発行所　株式会社　日科技連出版社
〒151-0051　東京都渋谷区千駄ヶ谷5-4-2
電　話　出版　03-5379-1244
　　　　営業　03-5379-1238～9
振替口座　東京 00170-1-7309

印刷・製本　河北印刷株式会社

Printed in Japan

© Katsutoshi Ayano et al. 2010　　ISBN978-4-8171-9341-4
URL http://www.juse-p.co.jp/

＜本書の全部または一部を無断で複写複製（コピー）することは，著作権法上での例外を除き，禁じられています．＞

●課題達成型QCストーリー関連図書

課題達成実践マニュアル

綾野克俊 監修
QCサークル神奈川地区課題達成研究会 編
A5判 216頁

創造的アプローチ方法である「課題達成」を具体的に，かつ実践的な立場から解説したマニュアルです．各ステップで活用できるツール類とともに，課題達成七つ道具の提案をはじめ，製造・技術・間接の3部門における活動の進め方のポイントを，最新の事例に基づいてやさしく解説します．

課題達成実践事例集

綾野克俊 監修
QCサークル神奈川地区課題達成研究会 編
A5判 216頁

本書は，課題達成を導入しようとしている企業や導入初期の企業に活動を理解していただくことと，すでに活動を展開している企業のレベルアップを目的に，次の5つの特徴を有しています．
①製造・技術・間接の3部門の事例で構成，②活動の傾向と今後の方向を示唆，③多数の業種の事例を掲載，④事例全般を掲載した＜実践事例＞とステップに焦点を絞った＜ステップ事例＞に分けて掲載，⑤事例のポイントを付記．

課題達成研修マニュアル

綾野克俊 監修
QCサークル神奈川地区課題達成研究会 編
B5判 148頁

本書は，ワークシート形式の研修ゲームで課題達成のステップ・実施手順を習得するための企業内研修用テキストです．

QCサークルのための 課題達成型QCストーリー
（改訂第3版）

狩野紀昭 監修　新田　充 編
A5判 208頁

課題達成型QCストーリーとは，狙いを達成するために，新たなやり方を創り出して達成しようという活動を効果的に進めるための手順のことです．

（第3版の特徴）
- 適用領域を「新規事業への対応」と「現状打破」の2つに改訂
- 新規に「QCストーリーの選定手順」を採用
- 一部のステップ名称を変更し，各実施事項をよりわかりやすく解説
- 活用事例を全面的に刷新
- Q&A，付録を新たに増補

★日科技連出版社の図書案内はホームページでご覧いただけます．
URL http://www.juse-p.co.jp